审判管理
与司法改革探究

Research on Trial Management
and Judicial Reform

黄祥青　著

人民法院出版社

图书在版编目（CIP）数据

审判管理与司法改革探究 / 黄祥青著. --北京：人民法院出版社，2022. 2
ISBN 978-7-5109-3458-2

Ⅰ. ①审… Ⅱ. ①黄… Ⅲ. ①审判-司法制度-体制改革—研究—中国 Ⅳ. ①D925.04

中国版本图书馆CIP数据核字（2022）第029545号

审判管理与司法改革探究

黄祥青 著

策划编辑 韦钦平
责任编辑 巩 雪
执行编辑 卢乐宁
封面设计 天平文创视觉设计 / 尹苗苗
出版发行 人民法院出版社
地　　址 北京市东城区东交民巷27号（100745）
电　　话 （010）67550658（责任编辑） 67550558（发行部查询）
65223677（读者服务部）
网　　址 http：//www.courtbook.com.cn
E－mail courtpress@sohu.com
印　　刷 三河市国英印务有限公司
经　　销 新华书店

开　　本 890毫米×1240毫米 1/32
字　　数 180千字
印　　张 10.25
版　　次 2022年2月第1版 2022年2月第1次印刷
书　　号 ISBN 978-7-5109-3458-2
定　　价 45.00元

黄祥青，1963 年 12 月出生，法学博士。现任上海市高级人民法院副院长，并被聘为国家法官学院、上海交通大学法学院、华东政法大学兼职教授。2002 年被评为上海市优秀中青年法学家，2006 年荣获“上海市五一劳动奖章”，2009 年被评为首届全国法院审判业务专家。

出版个人专著《罪刑相当论》《刑法适用疑难破解》《刑法适用要点解析》；主编《最高人民法院司法观点集成（刑事卷）》《类案裁判方法精要》《审判前沿观察》；副主编《法官自由裁量权精义》《法律方法论》等多部著作。在《法学评论》《法学》《法学家》等法学核心刊物发表论文 80 余篇，代表性作品有《论不可罚的教唆行为》《浅谈刑法有无明文规定的判断标准》《盗窃罪的认定思路与要点》《推进以审判为中心的刑事诉讼制度改革的若干思考》《刑民交叉案件的范围、类型及处理原则》《深入推进审判信息化建设的几点思考》等。

序 一

黄祥青院长是学者型法官。我与祥青院长是相识20多年的老朋友，因同属刑法学界，经常在学术研讨会、案件论证会上交流。我从中央政法委到最高人民法院工作时，祥青院长时任上海市高级人民法院副院长，不久转任上海市第一中级人民法院院长，2021年又回到高级人民法院任副院长。我们见面交流的话题也有所变化，更多是司法改革和审判管理。近日，祥青院长将其近年研究心得《审判管理与司法改革探究》汇编出版，邀我为本书作序，我感到既荣幸又惶恐。祥青院长是资深法官、著名学者，而我是老兵新传、审判“新进”，有幸成为本书的“第一读者”，借此机会，谈谈读后感受。

祥青院长长期担任基层法院、中级法院、高级法院领导，具有扎实的理论功底、丰富的实践经验，始终不忘“研究”

初心，在以司法责任制为核心的系列改革进程中，结合本院实际，总结了一系列具有上海法院特色的审判管理工作经验，形成一批实用性、可操作性强的审判管理工作机制。每次与祥青院长面叙，围绕司法改革工作多有深入交谈。祥青院长勤于思考，潜心钻研，有一些较为独到的思考认识。他对法院工作怀有深厚感情，对构建中国特色社会主义司法制度抱有浓厚兴趣，经过深思熟虑，将工作经验转化为理论研究成果，撰写成二十余篇相关文章，汇编修订为《审判管理与司法改革探究》一书。该书是一部具有学术价值和实践意义的著述，为读者近距离了解司法改革举措在上海法院的落地见效提供了窗口。作为附件的若干制度或实施方案，也值得法院同行参考、借鉴。

浏览全书，祥青院长主要讨论了三大问题，即审判管理的思路与方法，法官的遴选与培养以及司法改革的认知与实践。审判管理既是一项事关人民法院科学发展的基础性工作，也是一门实践性较强的科学。祥青院长认为，在司法改革的背景下，审判管理不仅不能削弱，而且必须加强。通读全书，我对祥青院长的研究成果有几点感受。

一是强烈的问题导向。坚持实践导向、问题导向，聚焦审判工作中存在的突出问题深入研究。随着司法责任制改革深入推进，新型办案机制基本形成。在“放权”之后，审判权相对分散行使，院庭长审判监督管理和上级法院对下审判业务指导有所弱化，由此产生裁判尺度不统一、办案质量效率下降、廉洁风险加大等突出问题，如何加强审判监督管理机制建设已成为各级法院必须认真面对的重要课题。祥青院长主张，要切实解决审判监督管理主体不敢管、不愿管、不会管等问题，实现理念优化、机制创新、职能完善、成效提升。所有论述均针对司法实践问题展开，围绕解决实际问题提出对策，如重视解决思想认识问题，思考论证解决方案，倾力抓好落实、讲究实际效果。这些研究内容不仅体现了制度架构的系统性、缜密性，而且具有很强的实践针对性和可操作性。

二是清醒的规律意识。审判活动具有特殊性，必须遵循司法规律、诉讼规律。审判管理是人民法院的一种管理活动，只有尊重审判工作的客观规律和管理规律，才能取得实践成效，推动理论创新。祥青院长的研究既有宏观理论层面的概述，如关于司法亲历性、公开性与公正性以及人民法院依法独立行使审判权的内涵、外延及其实践应用问题，关于四级法院审级职能定位改革的研究；也有属于中观层面的问题思考，如案件质效管理机制的构建，审判人力资源的动态优化配置方案，审判业绩考核制度的完善，以及法院干部选拔、领军人才培养、法官遴选及反腐倡廉等队伍建设议题；还有属于微观层面的问题探讨，如推进以审判为中心诉讼制度改革的思考，刑民交叉案件的范围、类型及处理原则，以及涉众型非法集资犯罪案件立审执衔接要点等。这些内容从不同层面或视角，主要聚焦司法规律性是什么、如何遵循司法规律、怎样提高案件的审判质量和效率，其关注点和倾向性一目了然。

三是鲜明的中国特色。审判管理工作是中国特色社会主义司法制度的重要特征之一。本书联系中国实际，着眼司法体制改革实践，聚焦审判管理中的突出问题，提出了一些比较新颖的观点。如司法的公正性不是抽象的概念，主要通过同类案件裁判上的大体一致性和不同类案裁判上的相互协调性来体现；在审判业绩考核方面，提出不宜采用整齐划一的质效考核标准，应当关注法院干警的个体差异性，分类实施底线管理，把人尽其才、人人尽责作为审判业绩考核的导向或目标；专家法官会诊疑难复杂案件，是提高审判质量的必要路径等。这些观点对于审判管理工作具有建设性意义。

不了解世界，会落后时代潮流；不深入实践，会违背规律；不研究中国，会脱离国情。希望祥青院长笔耕不辍，继续推出理论联系实际的研究成果。也希望通过本书的出版，为全国法院深化司法改革、加强审判管理，推进审判体系和审判能力现代化提供可复制、可推广的上海经验和上海智慧，为建设公正廉洁高效权威的中国特色社会主义司法制度做出应有贡献。

值本书付梓之际，特撰数语。

是为序。

最高人民法院副院长　姜　伟

2021 年 12 月 11 日于北京东交民巷

序　二

黄祥青博士是难得的学者型法官，在刑法和刑事审判制度方面发表了不少论著，曾经获得第二届“上海市优秀中青年法学家”称号。我刚回国任职时，上海交通大学凯原法学院还坐落在闵行校区，他是闵行区人民法院院长，受聘担任硕士生实务导师并应邀到学院演讲，所以间或有机会深度交流。他的讲座逻辑和语言都非常清晰、中肯，既有理论水平又有实用价值，给我留下了深刻印象。后来他调任上海市第一中级人民法院院长，2021 年又晋升上海市高级人民法院副院长，虽然身居要职却仍然保持着儒雅的书卷气，并与学术界继续密切联系，还参与过中国计算机学会计算法学分会成立的倡议活动。在他的新著《审判管理与司法改革探究》付梓之际嘱我作序，当然义不容辞、欣然命笔。

本书分为上中下三编，分别涉及审判管理、人事考勤、司法改革等方面的核心问题，多属切身经验之谈。正如德国著名法学家耶林和美国大法官霍姆斯指出的那样，在进行法律判断之际，经验比逻辑更重要；经验才是法学的生命之源。另外，从司法的实证研究这一视角来看，由于诉讼卷宗和审判活动的敏感性，学者本来就很难从现场获得第一手素材。即便有参与式观察的机会，局外者也未必能够洞烛幽微。大量的事实和运作机制，只有亲历者、主持者才能真正知悉和理解。在这个意义上，黄祥青等学者型法官的叙事是具有特殊价值的。何况本书并没有停留在经验记录的层面，还进一步对法律与审判的具体现象从不同角度进行了精细加工和思想提炼，使之升华为具有一般意义的理论命题、操作指引以及政策建言。作者的文章功底也好生了得，遣词用字都颇为精准老到，专业判断也鞭辟入里，这就大大增强了本书的可读性和启迪价值。

黄祥青法官有在基层、中级以及高级法院从事审判管理的丰富阅历，形成了一些独到的科学认识和操作艺术。如众所周知的“繁简分流”，在这本书中改进为案件类型三分法，并根据实践经验总结出不同占比和人员适配的方案：繁重案件15%、普通案件35%、简单案件50%，分别由资深法官、一般法官、青年法官负责审理。显然三分法比二分法更加精密，更符合审判现场的实际情况。又如，在提高办案质量方面借鉴医院的专家会诊方式，充分发挥专家法官会议的功能，达到“难案精审”的目标，并使旧的会议体决策被赋予崭新的含义。另外，关于司法追求的政治效果、法律效果、社会效果的有机统一，黄祥青法官特别强调不能把三个效果的要求等同于三个裁判标准，明确指出司法裁判的标准只能是明确的法律规定，所谓效果实现云云属于利益平衡与价值实现的精细拿捏艺术的范畴。这就旗帜鲜明地坚持了现代法治国家的基本原则，并在利益考量的既定框架内妥善兼顾政策思维，充分体现了法律家应有的正义理念和睿智。

值得重视的还有贯穿本书的系统论思维方式。作者建议司法者对错综复杂的法律关系要“一体审视、条分缕析、厘清主次、通盘协调处理；切忌分割研判……”，既体现了关于定分止争的东方传统文化的特征，也反映了在流动性、风险性、不确定性不断增大的当下，特别是在虚实交错、多元互动的信息物理系统以及数字网络社会的秩序原理。这种系统论思维方式还集中体现在“推进司法改革应当正确处理五个关系”“四级法院审级职能定位改革探讨”“刑民交叉案件的范围、类型及处理原则”“裁判要素管理与审判能力提升”等章节的字里行间，反映在举证的“精准印证”和“概括印证”有机结合、推理的“适法统一”与“类案裁判”无缝对接的办案流程里。通过这些很接地气的话语，我们还可以发现一种中国特色的后现代型审判范式若隐若现。在这里，法官不仅要固守既有法律，还要增强事实认知；不仅要处理过去的问题，还要面向未来形成政策、承认和归纳新兴权利、不断创造规范。这意味着司法者在通过案件审理做出终局性法律判断的同时，还应该在一定程度上参与国家管理和协调各种社会关系。

现在黄祥青博士已经走到司法系统的更高岗位担负管理职责，凝聚在这本书里的学识和智慧势必显示更加重大的价值，产生更加广泛而深刻的影响。但愿他能继续彰显书生本色，在繁忙的实务之余抽出点滴时间来从事研究和写作，为世间留下只有通过内部视角和亲身体验才能获得的真知灼见。在“推进审判信息化建设的几点思考”一文中，他已经对近些年来智慧法院的成就和问题进行了鞭辟入里的分析，提出了大量颇有见地的看法，翘盼他今后能够对大数据和人工智能在司法中的地位和作用进行更加体系化的阐述作为本书的姊妹篇。同时也期待他能继续重视并参与法学院与法院之间的交流与合作，在发挥“两院”津梁之作用的过程中，推动法学教育改革与司法改革都不断向纵深发展。

是为序。

上海交通大学凯原法学院教授　季卫东

写于2021年秋叶与春花交错的冬令

院长的责任（代自序）

2014年8月至2021年5月间，我有五年余时间先后在上海闵行法院和上海一中院担任党组书记、院长。常言道，不在其位不谋其政；我内心思忖：在位一日必尽其责、务求其成。作为一院之长，如何携手党组成员带领全体干警向上提升，使法院工作明显向前推进；并让干警们称心，让社会公众称道？这是努力的目标，也是应尽的责任。于是，一连串的问题浮上心头。

制度、机制建设可以统全局、管长远，是审判管理的首要抓手。由是以观，办案是人民法院的第一要务，如何构建一套行之有效的促进审判质效共升的办案制度与机制？这是必须首先破题的答卷。人民法院是政治机关，也是专业性很强的业务单位，普遍实行人员分类管理。如何让数以百计的法院干警实现人力资源动态优化配置，达到人尽其才、人人尽责的工作效果？仅靠个别化的思想工作或人文关怀是不够的，必须辅以常态运作、正向激励的业绩考核制度和机制；这根颇具魔力的指挥棒如何锻造？人民法院事业需要长远发展，人才梯队建设不可间断，且不因主要领导的阶段性注意力转移而耽搁；如何使人才队伍建设由一般想法变为蹭蹭脚步，并且制度化、规范化？又是一块难啃的骨头。于是，案件质效管理、人力资源动态优化配置（审判业绩考核）和人才选拔培养三项制度、机制的构建与完善，成为任职期间的工作重心。

制度、机制有优劣之分，其分野通常取决于对事物规律性的认识、把握程度和重点、难点问题的突破方法。例如，欲构建案件质效管理制度和机制，有必要研究司法解纷的基本原理；即经由诉讼两造充分抗辩，彼此达成对诉争事实的一定共识，法官据此居中裁判，从而实现定分止争的公正裁判效果。相关制度、机制依循上述原理架构，才有望发挥预期功效；倘若忽略双方当事人对于诉争事实各执一端的情况，尽管法官完全依法裁判，通常亦很难做到案结事了。

除了架构上体现规律性要求以外，为了进一步达成规制的目的性，制度、机制的内容还必须回答如何客观评价办案质量的问题。正如司法公正性没有客观尺度可供直观度量，主要体现为一定事实基础上人们的主观感受一样，办案质量也很难采用数据化的方法进行精确评价；亦即如何恰如其分地评价主观事实？这正是我们构建相关制度、机制时必须直面的难题之一。契合主观事实的特点，我们相应确立具有相对合理性的类型化评价标准，体现主观评价依据的贴近评价原则，以及出于实操考量的抽样评价方法等，通过规范组合构建，既使相关难题得以破解，也使制度、机制的脉络、内涵随之充盈，跃然纸上。由此可见，探寻规律、攻克难关不仅是构建、完善制度、机制的必经过程，也是确保品质、特色的有效方法。

制度、机制确定以后，人是最为关键的因素，能力水平常常决定工作成效。一般说来，提升能力不能一蹴而就，既需要个人的不懈努力，也有赖于组织的精心培养。但知易行难，如何有效培育各类人才，具体路径、方法何在？

我们倡导领导干部做到“以德率众、以能服众、以情化众”。将一般倡导转化为日常工作中的具体要求，政治忠诚自然是首要的德行；若能做到说话办事皆出于公心，在各项工作中起到带头示范作用，德行的修炼也就更趋近于具象，便利反思与检验。相反，倘若自恃高明，惯于心相不一，好占公家便宜，常与群众争利等，当然就属德不配位。就领导能力来说，简单的工作，大家都会上手，成效相差无几。关键是面临急难险重任务，能否敢于担当、攻坚克难、善作善成，这对于领导干部而言，常常就是重大考验；加上是否具有持续创新能力和组织协调能力，三者共同构成领导能力的主要面相。所谓以情化众，意在强调各项工作应当深入人心。尤其是干警的认同感与参与度，应当受到重视。原因很简单，哪怕是好的工作思路和方案，如果缺少干警的认同感，就很可能在落实中受阻滞、打折扣。况且很多工作细节是谋划、决策时很难予以穷尽的，只有干警的积极参与，才可能使方案趋于完善。

就领军人才的培养而言，具体推进方案大致包括五个要点：一是物色培养对象，人选多寡，既要考虑专业覆盖面，又要瞄准个体潜质潜能。二是确定培养目标，德才兼备是必然要求。结合司法实务特点，可将能做（能办案）、能讲（会讲授）、能写（善调研）作为发力重点。三是选取培养方法，为达成理论与实践水平一并提升的功效，不妨实行双导师制，使青年才俊能够真正站在前人的肩膀上继续攀岩，避免独自摸索可能遭遇曲折、多走弯路。四是拟定培养周期，参考高层次人才培养方案，可以三年为期；既防急于求成，也忌无端拖延。五是设定验收标准，如每年都得办出精品案件、开设专题讲座、主持研究课题等。做到年年有要求，逐年有提升。如果培养对象不能完成年度任务或没有达到设定目标，则据实延期或者终止，绝不滥竽充数。简言之，选拔、培养人才大有学问可言，乃是担任院长的职责所系。

俗话说，人是环境的产物，每个人都生活在具体的环境之中，二者的交互影响不可小觑。说到一个单位，正气足不足，工作氛围好不好，常常成为圈内敏感、圈外关注的重要谈资。毫无疑问，院长对此负有引导、培育的重要职责。依据肤浅经验，曾在三个方面进行一定尝试。

一是聚精会神干正事。尽管干警可能来自五湖四海，但初心志向都是奔着司法审判的神圣职责使命汇聚，其能量、潜力也蕴藏其间。如果大家都能在献身审判执行第一要务中找到“三感”（成就感、荣誉感和职业尊荣感），一院一隅的正气应该不在话下。如果主要精力投放不当或者不足，一旦心思散了，则容易滋生人心不古、甚至无事生非。因此，凝心聚力、持之以恒地做强主责主业，是培根固本、培植正气的不二法门。

二是上上下下重协作。集体生存之道，讲纪律、守规矩是必需的。与此同时，懂得相互尊重、精于分工协作，乃是经营良好工作氛围的秘笈或妙方。就个体来说，置身集体生活，可以在养成“三容”心态上多下功夫；即包容他人的个性，宽容他人的过错，从容处理繁杂琐碎的日常工作。如果大家都是只扫自家门前雪，不管他人瓦上霜，良好的工作氛围就可能无从谈起、抑或绝尘而去。

三是工于细节讲品位。爱美之心人皆有之，适时启迪培育美感，不可等闲视之。大美落于细节，生活中重品味，工作中也会究细节。所以，集体生活中重视培养干警的闲情雅趣，不仅可以滋养心灵情志，而且有助于提升工作品质。于是，我们倡导“三美”行动，即各美其美，让干警的各种才华都有日常展示的平台或机会；成人之美，鼓励、帮助他人表现最美的姿态，体味分享的乐趣；美美与共，激励大家在相互欣赏、彼此借鉴中和谐共生、不断进步。

记录担任院长五年间的心路历程，既为总结、提炼自己的思绪，也希冀发挥一粒铺路石子的功效。此处提纲挈领、扼要简析自己对于制度机制、人才队伍、单位风气与工作氛围等几个关键词的理解，完整意蕴及大量细节散见于各篇目的字里行间，有劳同道自行拾掇、披沙拣金。

院长是职务，本质是责任！

是为自序。

目 录

上编　审判管理的思路与方法

中编 法官的遴选与培养

下编 司法改革的认知与实践

附 件

上编

审判管理的思路与方法

审判管理年度回眸与检视

戴着口罩疾行，2020庚子年画上句点。年初确立“建设审判高地、勇当改革先锋、打造调研重镇、营造（干警）精神家园”的工作目标，相应确定五项重点任务及实施方案。一年落实情况如何，哪些心得值得沉淀？回首检视，以启新年。

一、关于提高审判质量

审判质量是司法公正性的重要体现，是提升审判能力的重要抓手。在人民法院普遍面临“案多人少”压力的背景下，如何坚持审判质量与效率共进，乃是审判管理效能与水准的重要体现。

提高审判质量，首在人案适配。案件有难易之分，法官各有优势不同。为达成人案资源动态优化配置目标，我们依据审判经验、提炼各类案件裁判要素，首先将“典型的”疑难复杂案件与简单案件区分开来，将余下的非典型案件归为普通类别，由此实现案件类型“三分法”。

如果只区分繁简两类，势必将（绝）大部分案件划归“简案”，相应纳入快审序列。如是，既不利于当事人在匆忙间充分感受司法公正，也无益于法官在快节奏下有效把控案件质量。简言之，难案范围不宜太大，应首先配足配强审判资源，全面落实精细审判。快审案件必须符合事实简单明了、法律规范明确的标准，以利提速守衡、质效共升。普通案件可适度简化审理程序，还可用于动态调剂、平衡法官之间的工作量，成为审判管理中可资调度的筹码资源。

经过一年试行，2020 年电脑随机分案到法官个人的比例达到 100%，由此堵塞人工分案可能产生的徇私缝隙。案件繁、简、普类别比例趋近预期，分别为 15%、35%、50%，与审判人力资源实际构成大体吻合。实现资深法官（具有 10 年以上审判经历）精审“难案”，年轻法官快审“简案”，其他法官主审“普案”；人案分类适配、程序跟进配套、质效协调共进的管理目标，全年案件收结比达到 100%。

庭审效果与裁判文书制作水平是提高审判质量的关键环节。诉讼的本质是充分抗辩，经由通晓彼此达成对诉争事实的基本共识，进而依法解决纷争。对于案件当事人或人民群众来说，庭审的规范有效性与裁判文书的说理透彻性，是认识法官、感受司法公正性的直观对象或主要依凭。庭审驾驭与裁判文书制作能力，也是每个法官的看家本领。既然内外视角皆为要塞之地，将其纳入日常审判管理与业绩考核中严防固守，则属理所当然。

我们以季度为区间，以优劣等次为标准（克服主观感受难以精确数字化表述的困难），以贴近评价为原则（保证主观评价的真实可靠性），以抽样评查为方法（减轻考核负担），将两项评查成绩纳入法官综合业绩考核内容。全年评查裁判文书 331 篇，庭审 332 场，组织示范庭审观摩 23 场，且及时讲评优劣，督促取长补短，做实互学互鉴。真切感受是：一旦俯身躬行，皆有着力改善空间，亟待凝心聚力，真正久久为功。

专家法官会诊疑难复杂案件是提高审判质量的必要路径。有人担忧没有参加庭审而参与讨论案件，既违背司法亲历性原则，也可能影响法官独立公正裁判。

依法独立行使审判权，并不必然产生公正性，只是实现公正性的重要条件之一。依法独立行使审判权的重心在于排除外部干扰，并不排斥专业内部的切磋讨论。相反，遇到疑难杂症，专家集体会诊是不可或缺的质量把控机制，其原理与医疗专家会诊并无二致。即令司改延伸推进二审独任制，亦非着意案件质量的考量，而是策应节约司法资源、提高审判效率的亟须。

司法裁判当然应当注重亲历性，合适范围宜限定于案件事实层面。因为，当事人在法庭上的语音语调、面部表情和肢体表现等信息，通常很难通过转述进行确切表达，却一样构成法官裁判事实、构建内心确信的事实依据。但是，基于查证属实的证据如何认定案件事实，即是否构成完整闭合的证据链条，以及如何准确适用法律等规则适用与价值判断问题，则是法庭之外也可充分讨论的事项。两者可以适度分野，实践中不能一概而论、泛化适用亲历性。

基于斯，全年召开专家法官会议 87 次，研讨案件 754 件，均由院长、副院长召集，注重研判意见的权威性；参会专家一般限定为 5 人，讲究讨论的效率性；适时应允其他法官列席旁听，兼顾审判经验的传承性。专家法官会议以及审委会，还是院、庭长行使审判监督、管理权的规范平台；除此之外，不得对于未参与审理的案件另行发表处理意见，借此保证各司其职，让司法责任制落实落细。

二、关于提升审判能力

集体学习研讨，是提升整体专业能力的有效举措。工作再忙，领导干部必须带头学习、学深一步。惯于善于学习，亦是工作能力的重要组成部分；因知易行难，需要悉心养成。为此，全年组织审委会集体学习 9 次，其中 6 次围绕新颁布的《民法典》展开系列研讨。

集体学习务必讲求实效，让参与者皆有斩获。不然，很容易滋生抱怨、感叹浪费时间。我们不讲论资排辈，只认能者为师；采用导学加研讨方式，要求精心备课，唯求真知灼见；并且特邀专家辅导讲授技巧，力求形式与内容相得益彰、表达与仪态绝佳呈现。

全年 18 位主讲者，既有资深法官，更有年轻的法官助理。讲授者在教学相长中体会条分缕析的哲思妙趣，收获成就感；聆听者在头脑风暴中感受中途加油的必要性，坦言获得感。为了最大限度地分享优质资源，每次学习均安排本院法官旁听，进行线上线下互动，带动辖区法官同频共振。嗣后还将研讨视频在官网上挂出，便于学习效果推广延伸。

摄制法律适用微课程是提升专业能力的全新方法。法官站在镜头面前，限定分秒之间，讲清一个法律适用争点难点问题。这一任务不仅要求讲授者成竹在胸、精于表达，而且要有镜头前的表现力。其中蕴含的素质素养要求，不仅暗合内外兼修的力量，亦契合新时代信息沟通、传播的潮流。

按照“思想要有感召力，语言要有感染力”的总体设想，全年录制 34 期微课程。11 位院、庭长带头试水、以身示范；更多的青年才俊（含法官助理）踊跃参与、纷纷崭露头角。全部微课程得到最高人民法院官网、中宣部《学习强国》等权威媒体采用，一中院也及时推送给辖区法院、相关检察院、市律协网站等法律共同体成员，已经在办案实践中发挥参酌效用。

总结传承，是提升整体专业能力的重要阶梯。经验往往具有感性表浅、个别分散、易随时光流逝而淡忘的特点；及时总结则是对碎片化感知进行系统整理，逐步上升为理性、规律性认识，汇聚个人心得，升华为集体智慧的重要方法。唯有善于总结，才能更好提升与传承；且有效传承，是做事的方法，也是做人的美德；即甘为人梯，利后来者更好攀登。

我们以适法统一为靶向，确定类案裁判方法为主攻路线，各审判业务庭梳理常见多发的类案并列出清单，逐项分配给“师徒搭配”的任务责任人。要求归纳审理思路、提炼裁判要点、厘定裁判步骤，并且配合思维导图与成案示例，做成既可一目了然直取要领，也可寻踪觅迹解构研读的实操方案。经过两年努力，我院审委会业已讨论通过 47 类案件裁判方法，出版《类案裁判方法精要》(第一辑)。尤其是每次审委会上，屡屡见证资深法官的审判经验被系统整理、凝结成为办案宝典，年轻后生被指点迷津、实现代际传承，各位委员发自内心的欣慰、成就感，可谓溢于言表、油然而生。

持续推进审判实务研究，是培养法官精细思维能力的不二法门。所谓广泛涉猎、反复推敲、多维透视、缜密论证，几乎是实务研究的必经过程。唯有训练有素，法官才能得心应手。常言道，没有深入研究，哪有高水准裁判；或曰针对疑难复杂案件，只有想得透彻，才能判得清楚。这是强化实务研究的直接动因。除此之外，培育求真务实的严谨作风、敢于较真的硬核底气，远离浅尝辄止或敷衍了事的平庸浮躁之气，也可在实务研究中获取源源不断的滋养或者点化的力量。实务研究成果既源于实践亦反哺实践，还在影响社会、传播法治文化中发挥不可替代的作用。因为，相较于碎片化的经验，理论形态的研究成果，大多更具穿透人心的魔力。延伸说来，要提升中国法治的国际影响力，构建、完善相应的理论体系亦势在必行。

2020 年，一中院中标（第 11 次）最高人民法院司法研究重大课题“信息网络犯罪司法适用疑难问题研究”，（第 2 次）中国法学会部级法学研究课题“我国法院参与中国法域外适用法律体系建设的路径与机制构建”，在最高人民法院司改办、研究室、信息中心、国家法官学院等举办的多项论文、课题、精品案例、视频课程评选中，均斩获佳绩。毫无疑问，研究锤炼精细思维，课题锻造人才队伍。

三、关于加强涉众型刑事案件审理与财产执行工作

近年来，涉众型非法集资犯罪呈集中爆发态势，其审理与执行工作涉及国家金融安全，关系百姓福祉与社会稳定。

人民法院职系其中，理当责无旁贷。

就案件审理而言，由于涉案被告人数较多，层级、亲疏关系较为复杂，且大多时间跨度较长，被告人之间发生相互推诿，或亲属间包揽罪责等现象概属寻常。如何准确认定此类案件事实，掌握证据“概括印证”的基本特点应属必要。即重在证实有无犯罪行为事实的存在，不必苛求全部过程、细节都有清晰、完整的证据相互印证；即使部分细节模糊或缺失，亦可留待量刑时予以斟酌、考量。如果一律秉持“精确印证”的证据标准，则可能因执尺过严反而失之于精准打击。此乃其一。

其二，审理中进一步查明赃款赃物去向实属重要。法律的权威在于有效维护人民群众的合法权益，最大限度地追赃挽损是审理此类案件中不可须臾怠慢、耽搁的职责。唯有侦查、审理中用心查证、先行甄别，才能有效预防、妥善处理各种改头换面的“善意取得”类抗辩、托词，扫清执行、兑现群众权益中的重重阻碍。

就受损群众来说，虽然知晓受骗上当的概况，仍急切了解案件事实的真相；既有意目睹罪犯依法受到惩处，更期待受侵害的财产及时得以挽回。对于身处焦虑旋涡中的群众，及时进行耐心细致的沟通、疏导，无疑是审理过程中不可或缺的职守，也是化解矛盾、维护社会稳定的“金钥匙”。

在此，我们做了四点有益尝试：第一，立案时引导受损群众分别建立微信群，以利畅通无阻地相互沟通。第二，组织推选诉讼代表人，及时搭建深入沟通、交流的工作平台。第三，庭审时最大限度地安排旁听，方便群众完整、准确地了解案情真相。第四，平时定时定点接待信访群众，以便有针对性地释疑解惑、解开心结。从实际效果来看，充分沟通有利于化解纷争，经常交流有助于增进互信。

就追赃挽损情况来看，尽管投资人的大部分钱款均化归乌有，但就职责使命来说，人民法院仍应不遗余力地采取各种追赃挽损措施，切实践行人民利益至上的理念。其中三点做法，在此值得提及。

一是建立每月例会制度，推进疑难复杂问题的及时妥善解决。通常讲，办法总比困难多，关键在于强化责任与担当。实施例会制度，就能集思广益，做到逢山开路、遇水搭桥，稳扎稳打、步步为营。

二是注重协调各方，努力达成最佳解决方案。例如，携手地方党委、政府，维稳解纷资源更多、力度更大；联络社会中介组织，实施网络拍卖受众面更大、溢价率更高；委托社会专门机构代为清收清偿，力量更强大，业务更专业，也更具社会公信力等。

三是充分利用信息技术，规范高效地推进发赃工作。针对数以万计的投资受损人和数以亿计的发赃钱款，我院自主研发了首款得“吃涉众型刑事被害人信息核对及发赃平台”软件，供被害人足不出户、线上核对银行账号、发赃金额等个人专属信息，并兼具异议提出、及时反馈等功能，从而大大提升了工作质效，增进了受损群众的获得感。

如何具体实施发赃，我们遵循四条原则：一是公开、公平发赃原则，即将发赃信息全部公开，保证受偿比例一致，接受社会监督与质疑。二是最大限度发放原则，即以追回变现的财产为限，以确认受损金额的多数被害人利益为考量，按照最高比例进行发放。不求全体无疑一起发放，但求最大范围地及时兑现群众权益。三是充分保障质疑者权利原则，即对于发赃金额等提出质疑者，允许其充分举证、维护自身权益。操作先行发赃时，必须预留充足资金以供后续发赃。四是分类指明解纷路径原则，即对于暂时未能纳入发赃范围的群众，必须分类说明需要解决的问题，并逐一指示行进路径。目前，一中院已经针对数万名群众发放数亿元资金，过去需要数月甚至经年才能达成的目标，如今仅在数日之内鸣金收兵。见到受损群众纷纷寄来的感谢信，真的心潮起伏：我们只是做了职责本分，百姓遭遇大部分财产损失，略微取得就懂得立即感恩，其淳朴厚道令吾辈汗颜；必须向百姓学习致敬！

四、关于加强辖区审判业务指导与交流

从工作目标看，加强辖区审判业务指导与交流的主要任务之一，就是实现适法统一。我国各级法院法官的绝对人数较多，而成文法的特点就是条文简约概括，容易产生理解上的差异。加强适法统一机制建设与力量投入，是实现司法公正性的重要环节。可以说，没有适法统一与协调，司法公正性就缺少基本的支撑力量。

从实现路径看，强化适法的规范性又须克服教条、僵化的流弊。因为规范通常基于既往的经验提炼而成，针对相同相似问题往往具有规制的效力。但社会生活日新月异，司法实践中的新情况新问题层出不穷。如果仅仅关注法律与案件中的同质内容，进而忽略变异、新生的特质，就很容易落入机械适法的窠臼。比较突出的表现如当案件的主观与客观事实相背离、形式与实质内容相脱节、质的规定性与量的限度相冲突时，简单套用法律规范，则极易暴露适法效果欠佳的弊端。

对于新类型案件的适法统一，重心在于把握法律的精神要义，将法律价值取向与法律适用方法的一致性，作为衡量、评价的标准与尺度。即相同或相似问题依规则作一体评判；新情况新问题依价值、方法论作出取舍。

2020年，一中院一共召开17次辖区业务指导片会、4场审判前沿问题研讨会。每次会议内容、讲授发言人员、会议时长、参会人员范围，以及会议效果延伸应用等事项，均由院长办公会议逐项审议、把关，目的在于务求质量与效果。其间，严格区分个案、个性与类案、共性问题，重在指导类案、共性问题的适法统一。即使是研判个案问题，也侧重探讨裁判思路与方法，力争达成举一反三的发散功效。缘由很显见，实践中的个性问题林林总总、千差万别，逐一指导必定力不从心。定位合适的指导，应当是紧扣实际问题，在共同解决实务难题中注重发现事物规律、把握办案要领，一道提升审判能力和水平。

五、关于加大干部培养与队伍建设力度

世间诸事，皆事在人为；人的格局、境界与精神状态，直接关系事业兴衰成败。培养人，既是组织的责任，也是值得潜心钻研的学问。为此，一中院党组推出三项人才队伍建设计划："头雁计划"，重在培养干部；"卓越计划"，侧重培养专业领军人才；"博雅计划"，重点提升全院干警的心性品质。

干部是选拔出来的，更是培养出来的，因为事业需要的是能够担当时代重任的德才兼备的带头人；偏才不足以为官。

培养就是要兴其所长，助其补短，干出实绩，建立口碑，形成实力。口碑本身就是向上带动的能量。锤炼能力，应置于急难险重中去磨砺；厚植德行，可在培树公心中见成长。如果说话办事，皆能出于公心；干事创业，皆能以身作则，所谓干部，才能名副其实。站在新时代，政治判断力、领悟力、执行力，定当放在首位加以培养。

事业是大家干的，为何要培养屈指可数的专业领军人才？有了领军人才，才有带动团队的力量。各路领军人才竞相雄起，才能提升队伍的整体实力。否则，人数虽多，也可能能力、业绩皆显平淡。就常规工作而言，各自尽力的效果可能相差无几。就急难险重工作而言，领军人才及其团队的力量，则可以产生别样的功效。与医学领军人才稍有不同的是，病患期待找到最好的医生，医院需要名医标示水准、确立信誉；亦即市场力量通常助推、驱动医学领军人才的成长。相形之下，诉讼当事人的利益取向，人民法院本身强大的组织功能，可能模糊领军人才的专业价值或意义；亦即法院领军人才及其团队的形成，较多倚重组织的大力倡导与悉心栽培。

诚如大家所言，干事创业要有良好的工作氛围。工作辛苦不可怕，心情愉悦最可贵。环境是人创造的，环境亦改变人。一中院党组将培育干警心性品质作为日常工作持续推进。

审判业绩考核是人力资源管理的常规手段。我们确定“质量优先、兼顾效率、激励优异、重在尽责”的工作导向，将年资不同、能力优势各异的人安排到合适岗位、发挥应有作用作为管理目标，由此形成各负其责、人人尽责的正向激励机制与心理认同氛围。工作之余，工、青、妇等群团组织牵头组建合唱团、越剧队、舞蹈队、瑜伽兴趣小组等，尽力创造人人出彩的机会，努力培育各美其美、度己达人的集体文化。引导大家在美的欣赏与追求中，努力提升素养、改进作风。迄今，各位干警的出色表现，已经成为彩虹般靓丽的风景；建设干警精神家园的目标，正在日臻成形。

凡是过往，皆为序章。跨进新年，五项重点工作仍将继续推进。党组新近决定：将信息技术深入应用于办案流程，以及传播中国法治国际影响力两项重任又新纳其中。毋庸置喙，2021，前景可期！

案件繁简分流的实施要点

对于案件实行繁简分流、分类处置制度，是推进审判权运行机制改革的重要组成部分，也是化解案多人少矛盾的基本方法之一。从目前实施情况看，有必要突出三个重点，深入推进落实。

一、案件繁简分流的规范性与完整性

面对数量巨大、类型多样的诉争案件，如何识别、区分其中的繁简程度，标准与方法乃是首先遇到的问题。

不少法院认为，繁简案件没有全国统一的尺度，因而主要着眼于提高审判效率的需要，较多采用人工识别、挑选方法；即在立案庭设置分案员，先行凭经验挑选简单案件，供快审办案团队或者速裁庭进行审理。其余案件则视为疑难复杂案件，移交专业审判业务庭办理。虽然这种识别、挑选方法操作简便，但明显缺乏规范标准，且受个人主观意愿影响较大，往往导致简案分流比例不高、简案快审机能发挥不够充分的问题。为此，有的法院规定分案员挑选简案比例不得少于 50% 的最低限度。毋庸讳言，这样规定也有明显不当之处。一是繁简案件是客观存在的事实状态，不能由人为确定的比例进行刚性划分；二是即使达到 50% 的比例也未必意味着实现了繁简分流的最佳效能，因为简案不足或多余皆有可能发生。再者，挑出部分简单案件就将其余视为疑难复杂案件，也有对于其余大部分案件未作严格检视、缜密分类之虞，将此全部纳入难案精审序列，势必继续带来审判资源配置上的紧张或困难。

鉴于此，我们主张依据审判实践经验，建立识别繁简案件的相对客观标准，对所有案件分门别类、各归其所。

具体说来，依据案件事实、证据及法律关系的简单与复杂程度，可以先行明确疑难复杂案件（或曰重大、疑难、敏感案件）的类型标准，确保难案精审。因为，构建本项制度的重要动因之一，就是在近些年总体追求办案效率的氛围下，部分疑难复杂案件的审判质量略受影响，案件当事人或律师抱怨甚至投诉在法庭上发言不足之类的问题，把重大、疑难、敏感案件首先区分出来，实现难案精审，既是构建繁简分流制度的初衷和本旨，也是有效管控案件质效的必要举措。其次，对于其余案件再作进一步细分，从中筛选出案件事实相对清楚、法律关系简单明了的典型的简案，将此直接纳入快审速裁程序，以最大限度地提升审判效率。除去以上两类典型的疑难复杂和简单案件，剩余的案件则可归入相对简单的案件一类（俗称普通案件），从而形成由繁至简的案件三分格局，为真正分类处置奠定扎实基础。

二、人案配置的适配性与相称性

人案适配是案件繁简分流、分类处置制度的当然命题，也是实践中较多被忽略或搁置的操作难点。如何对于办案人员进行有效分类？至少需要考量三个方面的因素。

一是理论功底与实践经验的厚实程度，两个方面缺一不可。常言道：常规案件凭经验，复杂案件靠功底。阐释开来，即指审判实践经验积累多了，对于审判同类案件就可做到信手拈来、得心应手。但是，社会发展总是呈现给我们未曾经历或预见的另一侧面，即具有变异、复杂相面。对于新类型的疑难复杂案件，成功解决之道，往往有赖于我们所具有的"透过现象看本质"的理论思辨能力，或曰抽丝剥茧、条分缕析的法理功底。其理甚明，纷繁复杂的社会事物，总是遵循万变不离其宗的因果发展规律。抓住了事物的本质或规律，问题才有望迎刃而解。

二是办案人员与案件分类在比例上的相称性。也就是说，繁简程度不同的各类案件在案件总数中的占比不同，我们不能简单因循案件占比确定相同的人员分类比例；而是应当依据各类人员的实际办案情况，悉心测算各类案件所需要的相应办案力量。假如占案件总数 40% 的简单案件，通常需要占法官总数 10% 的精力充沛的中青年法官来办理，我们设定标准进行人员分类的结果，在人员占比上也应当正好接近上述比例，不可出现明显的偏离。否则，人员占比过低，必然造成法官不堪重负；倘若人员占比过高，又容易滋生冗员低效的痼疾。所以，法官分类标准的宽严，并不止于审判能力胜任度的评鉴，还应当与分类案件的比例形成基本关照和协调。

三是办案人员的个体差异与变化趋向。人员分类只能依据一般标准，诚如司法倚重经验，资深法官与初任法官成为一种常见分类。但不可忽视的是，资深法官中可能存在不善应变者，初任法官中却不乏卓尔不群的青年才俊。加之审判经验积累常常相伴法官的体能消减的趋向，这些变量因素意味着人案配置中应当关注个别差异，预留适当的调节空间，允许特定条件下的人案调剂或转圜。

基于以上考虑，我们主张依据实际办案资历，将法官分为资深法官（一般任职 10 年以上，院庭长通常包含其中）、普通法官和初任法官（一般任职 3 年以内）三类，分别担当上述疑难复杂、普通和简单案件的审判职责。之所以选择审判年资作为法官分类的标准，当然考虑了司法相对倚重经验的特质，同时也兼顾了人员分类上的操作便利。舍此标准，人员分类就很难达成共识。

申言之，既然厘定了疑难复杂案件的标准和范围，就应当配套跟进资深法官主审重大、疑难、敏感案件的职责规范，这是相辅相成的制度构成，绝非可有可无的呼应性条文。只有配强力量，才能保证疑难复杂案件的审判水平和质量。至于对应性地由初任法官承担简案快审职责，实践经验表明，安排部分年富力强、有一定审判经验的中青年法官参与其中，发挥领衔担纲作用，这是保障简案快审质效的重要一环，不可大意忽略。

由于简案快审工作节奏快、强度大，自然要求相应法官的值岗年限不宜太长，一般以两年为期、有序轮岗为宜。可以说，定期适时轮岗，既有利于持续发挥简案快审效能，对于年轻法官的多岗位锻炼、培养也非常有益。

值得一提的是，疑难复杂案件既是重要的审判任务，也是宝贵的司法资源。对于法官来说，审判疑难复杂案件越多，提升审判能力水平亦越快。因此，在推进资深法官主审重大、疑难、敏感案件之时，尤其应当强调尽量吸纳年轻法官一并组成合议庭参审案件，这样既有利于资深法官的审判经验与年轻法官的知识优势互补结合，形成最佳的审判团队；也复裨于资深法官有效传承审判经验和年轻法官在实战中的磨砺成长，形成人才培养的常规运作机制。

三、审判程序的配套性与差异性

在案件分类、人案适配的基础上，为了确保审判质效，审判程序配套是不可或缺的环节；即不同类型的案件，应当适用不同的审理程序。

首先，如何实现难案精审？是否将所有的证据、辩论、判断都置于法庭之上，以尽力还原、再现全部案件事实才是精细审判？

笔者认为，我们正在推进的庭审实质化改革，不能简单复制西方国家的庭审模式。事实上，西方国家较为多见的庭审冗长、审判效率不高以及诉讼费用昂贵等问题，已经引发诸多异议或广泛诟病。

坚持马克思主义认识论的基本原理，将案件诉讼过程看作一个由浅入深、由表及里、去粗取精、去伪存真的查证案件事实真相的认识过程，应当讲更加符合诉讼规律。进一步说，对于前一阶段已经形成的认识成果（如刑案侦查阶段、民商事预备庭交换证据中已经得到印证的事实），后一阶段就可以承继，并以此为基础再形成新的深入认知，而没有必要在庭审时从头至尾、重新查证。实践中所谓一切以庭审出示、质证、认证的证据为准，完全排斥之前收集到的各种证据的效力，其实是容易导致认识误区或错误的。庭审中诉讼双方基于自身利益考量，“重塑案件事实”的现象可谓屡见不鲜，庭审迷思并不可取，这里不作细节展开。

简言之，笔者主张对于疑难复杂案件不妨尝试“四点审判法”，即固定共同点——先行打牢构筑证据体系的基础桩基；主审矛盾点——突破形成诉争的焦点问题或矛盾症结；厘清模糊点——清理解决问题的各种影响因子；消除盲点——打扫战场不留定分止争的死角或隐患。[①]

其次，如何展开简案快审？从实践探索情况看，有必要强调三条原则。

一是公正裁判原则。尽管案件事实相对简单清楚，证据、法律关系清晰明了，简案尤其讲究审判效率，但是查明案件事实、分清是非责任，依据证据和法律规定作出公正裁判的要求不能丝毫降低。诸如“手拉手”的虚假诉讼案件，被告人认罪认罚的冒名顶替案件等，在简案快审程序下应当照样是无处遁形、无缝可钻。也就是说，法官对于简案事实中可能存在的薄弱环节或潜在风险，依然要研判在先、了然于胸；进而在庭审中拿捏轻重、应对自如。

二是严格依规则裁判原则。简单与疑难复杂案件的裁判依据往往同一，恰如简单与复杂的盗窃案件都依据相同的盗

① 参见黄祥青：《推进以审判为中心的刑事诉讼制度改革的若干思考》，载《法律适用》2018 年第 1 期。

穷罪法条作出裁判，这就决定了相关法律规定经常具有一定的概括性，赋予法官相当的自由裁量权。相形之下，简单案件的特点是事实、证据比较清楚，没有太多的复杂、变量因素掺杂其中，这种对照情形就为明确、细化相关裁判规则，减少模糊、弹性空间提供了有利条件和操作便利。因此，在实践中加强简案裁判规则的总结、提炼，是支撑简案快审质效的一项十分重要而紧迫的任务。大家常说：简案裁判依规则，难案审判靠智慧，道理就在其中。换言之，提升简案快审质效，不能倚重法官行使自由裁量权来保障，而是主要依靠明晰的裁判规则来支持。

三是集中审判、全程简化原则。在保证审判质量的前提下，提速增效是简案审判工作的重点和关键。只有真正做到简案快审，才能切实保障难案精审。经验表明，将多个相同或相似案件集中安排庭审，有助于提高简案的审判质效。相反，如果分散开来审判，单一案件可能耗时相同，但法官因多次组织、安排庭审等事项所耗费的时间、精力总和无疑会大为增加。集约之下，法官集中考量、互为参照，既减少工作安排等事务性负累，也有利于平衡协调、精准裁判。即使是不同类型的简案，如道路交通事故、劳动争议、物业欠费纠纷案件等，也不妨尝试集中审判。因其共同特征就是事实、证据及法律关系均相对简单清楚，只要法官用心把握，胜任审判应当不成问题。正如常规病症范围之内，全科医生应运而生一样，简案范畴之下，“全科法官”似乎也可纳入培养计划。

提升简案审判效率的另一抓手，就是应当注重诉讼全程简化。从立案、送达、庭审、制作裁判文书到执行，诸如借助互联网技术管理诉讼流程，推进要素式审判，制作格式化裁判文书等，都可根据实际需要和自身条件，予以探索试行。

最后，如何推进普通案件简化审？就一般情况而言，普案属于相对简单的案件类型，因而在审判程序上应当有别于疑难复杂案件。能够归入此类的刑事案件，大多都是被告人认罪案件；民商事案件的诉争事实通常也并不复杂，无须经由审计、评估、鉴定程序进行相关甄别或查证。有鉴于此，借鉴刑事审判中曾经试行的“普通程序简化审”方式（我国台湾地区称为“简式审理程序”），应当可以达成一定程度的简化审理效果。具体来说，即在审判程序中无须严格区分事实调查与法庭辩论阶段，可以径直针对争议事实或法律问题展开攻防抗辩，从而形成提纲挈领、纲举目张的简化审理模式及效果。

综上所述，简案快审、难案精审、普通案件简化审是案件繁简分流、分类处置的基本范式。无论是所涉案件、人员的分类，还是审判程序繁简程度的区分，都不是一成不变的固定模式，而是可以随情势变更而适时调整的方案。三者是一个完整的工作系统，实际运行成此消彼长、互为支撑的态势。总体目标就是最大限度地实现司法的公正与效率。

法律适用统一的实现路径

法律适用的统一性，是司法公正性的重要表现，通常包含两个方面的要求：一是同类案件裁判上的大体一致性；二是不同类型案件裁判上的相互协调性。如何实现适法统一，下面着重讨论三个问题。

一、法律适用统一的标准

谈论法律适用统一，标准是首要的议题。相对于社会公众经常诉诸的“同案同判”要求，笔者认为把“类案类判”以及“不同类案协调裁判”作为适法统一的基本标准，似乎更为完整、准确。

从案件识别角度来看，如同世上很难找到两片相同树叶一样，司法实践中也很难框定两个完全相同的案件。相对而言，判断是否属于同类案件，则具有较高的认知识别度。或者在事实上呈现证据种类、结构及特点的相似或区别，抑或在法律适用上显示构成要件、要素的相当或差异。毋庸置疑，案件识别度越高，实践可操作性越强。

从司法规律性上来说，事物的规律性往往隐藏在众多事物的背后，并非可以一蹴而就。只有对于不同类型的案件进行大量收集整理、条分缕析、探微索隐，才有望发现、掌握其发生、发展及审判的规律性，进而分类施策，形成有针对性的裁判思路和解纷方法。

从司法目的性分析，也只有重点聚焦案件类型，才能找到司法公正性的主要支撑。因为，裁判公正与否，从无绝对标准；只有“同类案件同等处理、不同类案区别对待”，才是相对具有共识的衡量尺度。

那么，如何界定“同类案件”？一般说来，案由是识别同类案件的基本着眼点。案由同一，则表明诉争案件的基本事实及其法律关系大体趋同或相似。但是，对于常见多发案由来说，案件的多样复杂性还是会不时导致裁判结果的显著差异性。实践中不少当事人正是基于相同案由出现不同的裁判结果，进而质疑司法裁判的公正性。由此可见，立足案由基础上的进一步分类，是准确界定同类案件、实现适法统一的必由之路。

从裁判结果的影响因素分析，构成要件事实本身的差异性，无疑是分类上应当首先关注的要点。譬如，同为集资诈骗案由，个人犯罪、共同犯罪抑或单位犯罪，三种犯罪主体形态均时有所见，尽管罪名及危害结果可能相同或相似（如犯罪数额相差无几等），但量刑结果却可能显现悬殊。诸如从犯的犯罪数额明显较大，却因减轻处罚而比相应个人犯罪的量刑要轻；或者从犯的犯罪数额相对较小，又比相应单位犯罪中主要责任人员的罪责还重，原因就在于个人与单位犯罪的起刑点标准原本就有 5 倍的差距。所以，关键事实不同，归类时应当予以区分。

即使构成要件事实无异，证据印证程度等不同，也可能在裁判结果上体现差别。例如，对于主要案件事实是概括印证还是确切印证，落实到法律责任上往往会有不同呈现。概括印证通常只能揭示法律事实的发生或存在，应当或可以归责。确切印证则可以把相关事实揭露得淋漓尽致，使法官有底气把自由裁量权运用到极限。刑事审判中只能证实被告人犯故意杀人罪，与杀人细节均被证实是大不相同的，有时甚至出现判处无期徒刑与死刑立即执行的迥然差异。还有案件主要由直接证据构成证据链条，结构相对简单；另有一些案件纯粹由间接证据构成闭合锁链，结构明显复杂。如果不加区分，要求同一案由必须具备哪些证据，则很可能造成在有无之间产生责任的差异。可见，基于证据视野的合适分类，不可须臾小觑。

在事实、证据趋同的情况下，当事人选择适用的法律程序不同，也可能导致裁判结果不一。典型适例如适用认罪认罚从宽程序与适用普通程序审判的案件殊不相同。从诉讼程序上精细分类，亦属自不待言。另有一些案件乃因政策原因导致处理结果有异，如近年来审判的“套路贷”诈骗案件，就比常规的诈骗犯罪处罚较重。因政策调控类案件大多发生在特定时空，不一定归为类案的常规定型，但予以区别对待仍然是必要的。

在影响裁判结果一致性的多种因素中，构成要件事实无疑是起主导作用的要素。在操作应用中，证据、程序、政策等通常居于补充地位，发挥排除作用；即在构成要件事实相同或相近的情况下，仍需进一步排查有无证据、程序或政策等方面的深入细分。如果没有，才可依据构成要件事实确定同类与否。简言之，只有同类案件分层分类精准，且识别简便易行，相应的类案推送与参考制度、机制，才能切实发挥作用。

如何看待“不同类案裁判上的协调性”？司法素来以专业属性著称，刑、民、商事及行政等法律专业门类早已约定俗成，相关规范俨然自成体系。相对于司法公正性而言，不同的部门法规范调整的社会法律关系不尽相同，但都应协力支撑法律价值体系，为社会公众提供统一的行为规范指引。倘若各自为政，以致裁判失调甚至相互矛盾，则势必有损司法的公正与权威。

从现实情况看，不同类型案件裁判上的协调性，乃是适法统一中最易忽略的薄弱环节，尤其是在不同部门法律关系相交织、可比较的场合，反映出的部分突出问题，足以引为儆戒，应予先行解决。

其一，针对同一事实分别依据不同部门法规范作出裁判，造成重复保护。例如，在犯罪人诱骗他人担保骗取银行贷款案件中，刑事判决已经认定相关犯罪，并展开执行追赃进程；民事裁判又认定担保合同有效，判令担保人履行保证责任，从而使被害银行得到刑事追赃与民事赔偿的重复保护，既违背"任何人不得因违法犯罪行为而获利"的基本法理，也有悖侵权损害责任的填平原则。相对妥当的处理办法是：在刑事追赃之后，银行可以针对"追赃不足部分"提起损害赔偿之诉，担保人依过错大小承担补充赔偿责任。否则，在银行与担保人两个被骗与被害者之中，对前者实施双重特别保护，显然有失公允。

其二，针对同一事由先后依据不同部门法规范作出裁判，结论相互抵牾。又如，对于刑事附带民事诉讼中能否判赔伤残、死亡赔偿金，刑事司法解释及判决明确不予支持精神损害赔偿。有的伤残者或死者家属另行提起民事诉讼，相关法院却判决支持。刑事法官认为判处被告人重刑已经给予被害人或家属精神安抚；民事法官运用"举轻以明重"的当然解释方法，阐述故意杀人等重度侵权行为理当赔偿被害人及其家属的精神损害。在观察视角与价值取舍上存在明显的不同。

从侵权责任视角审视，侵权行为造成他人伤残、死亡后果，如果犯罪人被判处无期徒刑以上刑罚，则说明犯罪已经得到相当程度的报应或惩罚；从理论上推演，犯罪人因受刑通常也不再具有创造个人巨额财富的足够能力或条件，此时判处巨额精神损害赔偿金，确无实际执行可能和法律意义。相反，普遍空判的结果，只会损害法律权威。但是，对于判处有期徒刑以下之刑罚的犯罪人来说，被害人失去的是生产、生活能力或生命代价，另行给予被害人或家属一定的经济赔偿，自在情理之中。即使当时无力赔偿，罪犯出狱之后一般具备财富创造能力，判决伤残、死亡赔偿金，可谓殊无不可。事实上，在交通肇事致人伤残、死亡案件中，《最高人民法院关于适用〈中华人民共和国刑事诉讼法〉的解释》已有支持先例，其他案件理当同类并举。

其三，单纯依据本部门法规范径行作出裁判，损及关联法律关系。例如，在离婚财产分割案件中，夫妻一方请求分割对方所持公司股份。有的法官基于平等保护立场，简单判决支持平分，以致公司治理结构遭遇突变，乃至形成治理僵局。合适的考量应当是：既要依法保护离婚诉讼当事人的合法财产权利，也要兼顾公司股份在资合之外的“人合”特点，将股份所涉财产利益与股权本身相分离，依据《民法典》对股权利益作出适当裁判，这才是协调解纷的可取方案。

其四，针对相同权益，部门法之间各执尺度，以致裁判结果失调、失序。例如，民商事法官分别审理民间或者单位之间的借贷案件，民事法官习惯于看重借条和收据的证明效力，据此判决借贷成立。商事法官倾向于进一步审查资金来源和去向，或许不予支持诉请。在此便形成同为借贷案件，同样持有主要的证据，但可能不同法官或法院判法不一。还有侵犯知识产权与其他民事侵权案件，可能同涉侵权损害赔偿，但相关裁判规范大多专注内部自洽，鲜见法官主动关照两种以上侵权责任之间的合适比例关系。不难想象，同为侵权赔偿责任，倘若缺失归责上的轻重序列，恰如侵犯人身权利的类罪之中，侵犯生命、健康、人身自由等权利失去轻重顺序，对于整体法律秩序而言，同样会显现裁判不公。归纳而言，失调裁判大多源于局部视野，协调裁判必须强调整体考量（含事实和法律）。

二、法律适用统一的方法

案件有繁简、普通之分，适法统一应当各归其道、各施其法。就经验而论，简案靠规则，繁案靠方法，疑难杂症靠集体智慧，这是适法统一方法的通俗表达。

具体说来，简单案件无外乎事实及法律关系均简单明了。明晰裁判规则，相应缩小自由裁量空间，此乃方法论上的不二选择。如果缺少规则，放任自由裁量，法官基于不同立场、视角或经验等，简单案件也有可能判得仁智不一，甚至南辕北辙。因为人的差异性是客观存在的，且很难在短期内消弭无痕。事实反复证明，案件越简单，瑕疵或问题越会暴露无遗，实践中越容易被演绎放大，以致形成汹涌舆情，最终使司法公信力受损。正因如此，我们说，案件无论大小，经手皆为重要。

对于新类型、疑难复杂案件来说，现成的裁判规则、经验往往会不同程度地显现不相适应，但适法统一是必须的。通常可行的路径，就是选择合适的法律方法，诸如法律解释、漏洞补充、法律续造，抑或利益平衡等。也就是说，裁判标准具有规范已然发生过的事实的基本倾向；对于不断出现的新情况与新问题，法律方法则具有明显开放性或广泛适用性。

譬如，在全国首例代孕子女监护权纠纷案中，代孕出生的幼女被名义母亲抚养多年，从儿童利益最大化立场考量，应当支持名义母亲的监护权；但与代孕幼女具有血缘关系的祖父母抗辩：自己儿媳（名义母亲）与幼女既无血缘关系也无合法收养关系，只有请人代孕的非法行为。如果判决支持名义母亲，也就意味着非法代孕行为经过诉讼过程可以实现合法化目的，并且间接支持了儿媳与公公婆婆争夺其亡子财产控制、支配权的不良动机。

莎士比亚名言：人间最大的悲剧，莫过于善良之间的冲突。在本案亲属间力争幼女监护权的大善背后，确实交织了合法与违法的多种法律关系和复杂情愫。在没有现成裁判规范或先例可循的情况下，法官不能拒绝裁判，唯有遵循法律方法论的指引，权衡价值大小、掂量利害轻重，依照法律原则、精神对现行法律作出适当解释，从而认定名义母亲与幼女形成继母女关系，才使这起舆论聚焦的案件得以尘埃落定。

不难看出，裁判标准与法律方法的主要规制方向有向前与向后的明显不同，但运用法律方法的归宿是丰富、发展现行法律，而非创制新的法规。运用法律方法的结果，依然体现依法裁判原则，但功效已在更好彰显法治权威。

无论是裁判标准还是法律方法，其基本脉络都是围绕案件事实和法律而展开。其实，推进适法统一，人仍然是最为重要的因素。不断提升裁判者乃至职业共同体的专业同质化水平，实属治本之道。在此不妨参酌域外经验。

英美法国家的法官大多不分专业，刑、民、商事案件来者不拒、坐堂即审，因而也很少听闻像前述囿于专业局限导致裁判相互冲突之类的问题。究其缘由，法官的专业知识结构高度趋同可能是其中的重要因素。就个人观察、交流体会来说，法官们通常具有相同的法律价值理念，熟谙证据规则和法律方法的运用技巧。略加琢磨，审判核心工作不外乎事实认定与法律适用，法律价值理念指引裁判方向，认定事实倚重证据规则，适用法律讲究法律方法。一旦娴熟掌握这些重要法器及其运用技巧，刑、民、商事案件等万变不离其宗、当然可以得心应手、逐一解析。

比较而言，我国的法科教育普遍重视实体法（或曰基础理论）学习，相对轻慢证据法和法律方法论的专门研修。相关知识技能大多有赖实践中边干边学，缺乏必要的系统科学性。许多案件产生分歧，大抵都可归结为证据意识不强，对事实证据看法不一；或者运用法律方法的共识阙如，机械适用法律现象多有所见。有鉴于此，加强应用法学知识体系的构建、教学与在岗培训，可谓刻不容缓。

三、法律适用统一的机制

独任制、合议制、专家法官会议和审委会，是审判权实际运行的基本模式。在司法改革背景下，这些审判主体或组织的职权究竟如何配置、运行，确实关系适法统一目标和司法公正目的的实现。

如何看待新型审判团队建设？新型审判团队建设的基本目标在于优化人力资源配置，即合理界定法官、法官助理与书记员的工作职责，形成三种角色的最佳搭配比例。在此意义上，新型审判团队建设可以看成是以往独任制与合议制审理模式（法官 + 书记员结构）的加强举措或升级版；即法官 + 法官助理 + 书记员结构，更加符合司法职业化发展方向与审判工作实际需要，应予大力推进。

然而，在实际操作中，不少法院把审判团队看成新的审判组织或层级，相应选任团队长或负责人。同时基于审判组织扁平化和去科层化要求的考量，便实际弱化或打散合议庭建制，改为在审判团队内随机组成合议庭，每个法官都可以在自己主办的案件中担任审判长。由此带来的问题是：

其一，法律设置合议庭的初衷在于，审判重大案件应当发挥法官的集体把关作用。实践经验表明，合议庭成员相对固定，有利于强化团队观念、结成紧密合作关系、促进相互负责。审判长通过组织庭审和签发裁判文书，也益于引导合议庭成员共同对案件质量把关；如果随机组成合议庭，则势必成为松散型审判组织，法律所强调的成员间相互负责、共同把关的审判职能作用就很可能被实际削弱。

其二，既然合议庭作为法定的审判组织，就应该选出专业和组织能力较强的法官担任审判长。只有强者领衔，才能发挥带动、引领作用，真正形成整体合力。如果随机担任审判长，则很难保证不同资历、职务等级和性格的法官人人胜任角色，都能感召和带动同伴，达到协力共进的最好工作状态。

其三，就团队长的职责来说，由其担任团队里所有案件的审判长，一定是精力不济；如果由其专司团队的行政管理工作，又会与庭长、副庭长的职责重叠。所以，选好独任法官，配齐配强审判长，以独任制、合议制下人力资源最佳配置为基点推进新型审判团队建设，才是提升案件质效，实现适法统一的基础保障。

如何强化合议庭的适法统一功能？多年来，合议庭的专业化建设备受重视，且分类不断精细，这是必要的。只有办案人员相对固定，同类案件适度集中，办案质量和适法统一尺度才可纳入有效掌控之中。但不能忽视的是，推进专业化过程也会带来画地为牢、作茧自缚的风险；即法官的专业知识面会变得日渐狭窄，专业合议庭之间的裁判标准会渐失协调，专业壁垒也会催生人力资源的碎片化。如何消解专业化进程的副作用？充分关注专业知识的流变性，不啻破解之道。恰如肺结核病毒肆虐之初，医院调用强大的专业力量加以攻克。一旦该病毒的规律性尽在掌中，当初的医学尖端问题也就变成医院常规病例，普通的肺科医生也可问诊医治。法学专业也是如此，对于已经形成明晰裁判规则的常规案件，含简案和普通案件，就不必固守细分之后的专业合议庭界限，而可在刑、民、商事、行政等大的审判业务庭范围内随机分案、依法审判；借此既可扩展法官的专业知识面，亦能促进不同专业合议庭之间的知识链接，增强裁判的协调性。可见，对于适法统一性而言，专业性和专业知识的流变性实属一体两面，两种动能、效用不可偏废，都应在司法场景中得到自如运用。

如何运用院、庭长的审判管理、监督权，推进适法统一？院、庭长行使审判管理、监督权，首先需要确立的观念是没有相对较高水平的逐级把关，就没有适法统一的实际落地。因为，相对英美法国家的法官来说，我国法官的绝对人数显然较多，办理案件的数量也不断增大，且法律条文比较原则、概括，这种现状决定了我们的适法统一任务异常艰巨。我们不可能像英美法官那样，（因人数较少）只要几人碰面切磋就可统一思路；而是有必要采用审判长、庭长、院长逐级把关制度，才能把不同法官、不同合议庭等的裁判尺度大体协调一致起来，体现司法公正性。这里多受诟病的有两个问题：一是院、庭长把关可能影响法官依法办案的独立性；二是院、庭长未参与庭审而发表意见，缺少司法裁判的亲历性。

其实，对于重大疑难敏感案件来说，法官在专业内部进行充分研讨是确保办案质量的必要举措，依法办案的独立性不应也不能成为拒绝研讨的挡箭牌。真正应予强化落实的，是院、庭长把关的规范性；即除了召开专家法官会议集体研判、全程记录留痕的通道之外，院、庭长一律不能个别对案件处理发表意见，严防不当干预办案。至于司法裁判的亲历性，我们不能囫囵吞枣、泛化适用；即在法律适用问题上，并不存在亲历性的规范要求。英美法国家的上诉法院，大多采用书面审理方式。其中的法理与经验，可以作为我们理解司法亲历性的借鉴。

此外，既然院、庭长在适法统一上负有不可推卸的重要职责，其在个人主办案件数量上就应作出切合实际的安排。换言之，院、庭长的主责不在个人办案数量多少，而在切实履行审判管理、监督职责。院、庭长理当参与办案，但更大意义在于充分尽责、率先垂范。毫无疑问，上诉程序也是适法统一机制的重要组成部分，目前仍有相当的改革空间，应当一并纳入视野，力促日臻完善。

办案“三个效果”有机统一的实现路径

托尔斯泰名言：“世界上只有两种人：一种是观望者，一种是行动者。要改变现状，就得改变自己。要改变自己，就得改变自己的观念。”做好司法审判工作，也需要观念先行。

一、思想观念上的澄清

办案应当讲究政治效果、法律效果和社会效果的有机统一。对此，目前存在两种观点：一种观点认为，办案不能只讲法律效果，应当讲求三个效果的统一。否则，司法判决极易脱离社会实际或者公众认知，裁判者也可能变成“法呆子”。另一种观点认为，办案只能讲求法律效果，如果实现了公平正义、诚信和尊重公序良俗等法律原则，难道还有需要遵循的更高准则？不难看出，两种观点各有所持，不过都是从相互对立的立场上在理解、阐释“三个效果”。究竟应当如何看待？

首先，裁判效果与裁判标准应当区分开来，不能把“三个效果”有意无意地解读为三个裁判标准。马克思曾经指出：

“法官除了法律就没有别的上司。”习近平总书记要求：“努力让人民群众在每一个司法案件中感受到公平正义。”可见，司法裁判的标准只能是明确的法律规定，总的工作目标就是要实现公平正义。倘若把裁判标准与裁判效果混为一谈，一方面势必削弱、动摇法律、法治的权威性；另一方面也会滋生裁判理念与裁判标准的模糊性或随意性。坚定法治信仰与道路，始终是我们思考、解决法律问题的基本立场与矢志不渝的努力方向，不容丝毫怀疑或动摇。

其次，对于裁判效果，应当坚持多维审视、全面把握。法律的基本特征之一，就是基于既往的典型事实而形成法律规范，是法律文本与价值、精神的复合体，具有规范性、权威性和稳定性。之所以强调多维讲求裁判效果，既有事实层面的原因，也有法益层面的考量。

在事实层面，法律不同程度存在的不周延性和滞后性，决定了司法裁判应当在裁判效果上充分进行合目的性的审查判断。众所周知，法律既不可能穷尽当下事物的所有细节，也不可能囊括未来事物的发展变化形态，且司法不能拒绝裁判。于是，当相对稳定的法律面对富于变化的新类型或疑难复杂案件时，法律所表述的事实与案件所呈现的待决事实之间，很可能产生某种程度的差异性。倘若简单恪守法条核心语义或曰字面含义径行作出裁判，而不懂得因应时事、适度校准，则难免产生裁判效果差强人意甚至背反法律目的性的问题。

在法益层面，法律价值的多元性和法益存在形式的多样复杂性，决定了司法裁判中的具体取舍应当重视综合平衡。从实际情况看，法条所规范的法律关系及其价值取向往往显得简单、明了，实际案件所蕴含的法律关系不时显现相互交织、错综复杂的情形。还有一些案件在法律适用中表现出形式与实质合理性脱节，眼前与长远利益不一，个别与群体、整体利益冲突等情形，诸如此类的纷繁表现均赫然昭示：司法裁判通常不是非黑即白、非此即彼的简单推演或取舍，而是需要拨开迷障、精细拿捏的利益平衡与价值实现艺术。

最后，实现“三个效果”的有机统一，应当抓住重点环节、解决突出问题。众所周知，法律在事实涵摄力上具有一定的局限性，在价值导引力上却具有广泛的适用性和相对的恒定性。恰如公正与效率，是人民司法永恒的价值追求。因此，对于法律有明确规定的事项，必须坚持严格司法，实现一视同仁的普遍的公正性。对于发生各种变异的事实及其法律关系，则应以法律价值目标为指引，适时运用法律适用规则和解释方法，努力达成“三个效果”的有机统一。

二、重点问题及其解决方案

在形式与实质合理性发生冲突时，应当突破“严格规则主义”的桎梏，以实现实质合理性为依归。例如，曾一度引发社会关注的天津大妈非法持有枪支案，单从有关法律规定的枪支标准及数量看，该案应当纳入重罪惩治范围。但从特定行为的主客观社会危害性程度分析，却与重罪罪质相去甚远。倘若仅仅着眼于法律与事实的表层对应性作出裁判，则势必落入机械司法的窠臼，裁判效果欠佳亦不出意外。与此相反，有些新类型案件看似没有明文规定，实则与已有规范本质同一，且法律设置了开放性的兜底条款，此时依据同类解释规则予以及时规制，无疑更能体现“三个效果”的有机统一。

在形式与实质的关系问题上，部分同志主张“先形式后实质”的判断规则。这里需要关注两个问题：一是在规制效力上，法律明文规定的行为都是已然事实，如果强调待决事实必须与已然事实形式相符，然后才能着手实质判断，这是否意味着法律只能规制过去，不能适用于形式变化而本质同一的新类型及疑难复杂案件？二是在法律价值序位上，注重形式、强调规则，其价值归于实现秩序。重视实质、切入本质，目的在于保障自由、激发人的创造活力。毋庸置疑，社会发展需要首先保障人的自由和创造力，只是其边界应当受到尊重自然和他人的规则制约，否则社会将陷于混沌和失序。就司法层面而言，注重实质，自然赋予法官相当的价值判断职责和理性裁酌空间；专注规则，法官则容易养成不假思索、按图索骥的裁判惯性，乃至思维固化、渐失价值判断能力。简言之，“先形式后实质”不妨作为一般的法律适用方法，但不能作为基本的司法裁判规则。实践中必须警惕貌似合于法律、实际背离法律价值目的的司法裁判。

在多种法律关系相交织的场合，法律适用的协调性是检验司法公正性的重要标识。譬如，在离婚纠纷中，夫妻一方主张分配对方所持公司股份。这里就涉及婚姻与公司法律关系的交织问题。如果单纯考虑夫妻共同财产平分的婚姻法规范，则有可能造成公司股份平分后的公司治理僵局，还有可能损及其他股东权益。可见，夫妻财产平等保护是原则，兼顾公司法律关系的协调性也是必需的。又如，在诱骗他人担保骗取银行贷款造成巨额损失的案件中，既存在贷款诈骗罪的追赃挽损问题，也涉及追赃不足部分银行财产损失的民事救济途径，属于典型的刑民交叉案件。如果割裂开来只审理担保法律关系，则难免发生刑事追赃与民事担保重复保护被害人权益的问题，进而违反任何人不得因为违法犯罪行为而获利的法理铁律。归纳上述，法律关系可以分野、交织，法官可以区分专业按照不同程序审理案件，但司法裁判必须将一案所涉错综复杂的法律关系一体审视、条分缕析、厘清主次、统筹协调处理；切忌分割研判，以致发生相互脱节、前后矛盾冲突的明显纰漏。

在遇到“两可行为”需作取舍时，应当依据法律价值取向和裁判效果做决断。典型适例如刑事案件中有的行为介于违法与犯罪或者重罪与轻罪的临界点上，两种认定皆能持之有据。有同志提出“两可行为”取其轻的适用原则。其实，两可行为的事实、证据已经固定，如何处理只涉及法律适用问题，并不全然适用“有利于被告人”的处理原则。在此情境，法律价值取向与裁判的社会效果应当作为最终取舍的准则或依据。举例来说，在醉酒驾车致多人死伤类案件中，特定危害行为往往兼具交通肇事罪（过失犯罪）与以危险方法危害公共安全罪（故意犯罪）的某些特征。由于严重危害结果通常发生在瞬息之间，要清晰分辨行为当时行为人的主观心理状态究竟是故意还是过失，可谓何其艰难。也就是说，单纯着眼于事实和法律界限本身可能很难形成定见，而综合考虑行为人的整体罪错程度、危害后果严重程度以及裁判结果的社会可接受度等诸因素，不啻最佳选择。当年发生在成都的孙某某醉驾致多人死伤案最后以故意犯罪判处无期徒刑，就是两可权衡的典型适例。

三、余论

有些案件无关复杂的事实、法律或政策问题，却在裁判的轻重缓急上关乎裁判效果。诚如共同犯罪案件的庭审调查，先讯问认罪者厘清犯罪事实经过，后讯问抵赖罪行者从细节上揭穿其谎言，通常势如破竹、效果较好；如果颠倒过来，则可能遭遇百般狡辩而难以击中要害。审判案件尤其是同类或系列案件时，裁判的先后顺序、责罚轻重、判决时机等，同样需要适时掂量、恰切把握。在资讯媒介高度发达的信息社会，有时舆情汹涌，并非裁判铸错，只缘研判不足，火候欠佳。这是我们必须正视、应对的新情况和新课题。简言之，只有胸怀大局、保持定力、唯精唯一、不舍寸功，才能真正做到“三个效果”的有机统一。

审判业绩考核制度的合理构建

审判业绩考核制度，是落实司法责任制的重要支撑和抓手，在日常审判管理中具有风向标和指挥棒作用，且涉及对于每个法院干警工作成效的具体评价，关系个人荣誉和尊严。因此，构建相关制度必须充分论证，务求相对合理。

一、审判业绩考核制度的功能定位

审判业绩考核制度应当发挥怎样的作用，这是构建本制度应当首先厘清的问题。因为不同的功能定位，决定不同的考核路径与方法。或者说，不同的考核内容及重点，势必制约、影响考核的实际功能和效果。

从审判实践情况来看，早期的审判业绩考核形态大致表现为“履职事项累积计分制”，即各审判业务庭根据法官日常从事的审判工作职责，对办案、调研、调解（含做信访群众工作）、（对下级法院）业务指导等工作成果，定期逐项进行统计、申报，然后由审判管理部门累积分计排序、评定优劣等次。在此制度下，能做会说、勤思善写的一专多能型或曰全能型法官往往会脱颖而出，相关审判业务庭占据优势，而能力单一或成果单薄的法官及其审判业务庭则容易落后垫底。

随着大数据时代来临，精准测算法官工作量的思潮渐成主流。为了打通刑事、民事、商事、行政等不同审判专业领域法官的工作量测算标准，案件权重系数的概念及其计算方法应运而生。仔细观察，即将不同类型或案由的案件分门别类，然后测算法官办理此类案件所花费的平均庭审时间、审理天数；所记录或书写的平均庭审笔录和裁判文书的字数，以此四项基本要素的平均占比，累计测算法官办理各类案件的基本工作量。在此制度下，法官办案花费时间多、记录或写作字数多的辛勤付出者通常成绩居优，相反则业绩殿后。

从考核功能视角审视，早期的审判业绩考核办法实际发挥着“选优拔尖、激励先进”的评价功能；即以是否全面履行审判职责为尺度，在有无履职及成果多少之间，比较、展示各庭法官的综合审判能力和水平。其后推出的“基本工作量精算法”，侧重计算法官在办理不同类型案件中投入的时间、精力成本，在心力消耗的多寡之间，度量每位法官的辛劳程度，在考核中实际发挥着“奖勤罚懒、讲究效率”的导向作用。

两种考核方法的共同之处在于：一是采用一体评价模式，即无论法官的年资差异与不同专业岗位的职责异同，都按照规定的统计项目或要素计分测算，一把尺子丈量到底。二是采用统一的评价方法，即对于审判质量、效率、效果均采用计件论数或精算百分比的方法予以测算，评估结果可谓一目了然。三是具有显而易见的正面导向作用，无论是激励先进还是奖勤罚懒，对于考核功能而言，都是不可或缺的组成部分。正因如此，尽管两者的局限性亦大隐其中，但至今鲜少论及。

其一，一体评价模式意味着单一的评价标准，对于年资、能力抑或个性等因素皆不尽相同的法院干警来说，尽管手执一尺可以立分高下，便于择优行赏、激励先进；但对于相当部分的人来说，别人的水准可能是自己无法企及的高度，从而易于滋生争先无望的失落情绪。其实，“天生我材必有用”，关键在于用对地方、发挥才干，即对于人的价值评价标准，应当具有多样性。

其二，司法裁判是公平正义之术，对于裁判质量具有特别高的要求，但上述两种考核方法都在不同程度上倚重数量化的计量方法，实践中容易或者实际偏向审判效率取向。对于直接体现审判质量的庭审效果与裁判文书制作情况却付诸阙如。诚如勤勉主要生成效率，尚不足以直接对接办案质量、公正裁判一样，因而两种考核方法都有必要进一步充实内涵。

审判业绩考核制度应当承认不同法官、干警审判业务能力水平的差异性，以及相应设置、匹配不同岗位职责的合理性。考核的真正目的在于：围绕实现司法公正与效率的永恒价值主题，激励所有法官和干警，各司其职、各尽其能，实现人人尽责的鞭策功效。换言之，法院干警的能力有大小，岗位有不同，所发挥的作用各有区别，这些都是正常、合理的现象，我们不能在考核中事实上指望大家整齐划一、个个神勇；能够要求一体遵行的，只有矢志为实现司法公正、效率价值而担当的使命感、责任心。

二、审判业绩考核的路径方法

考核目的、功能确定以后，要选择合适的考核路径与方法，有必要清晰梳理关联要素。恰如旅行者徒步前往与驾车出行的路线很可能不同一样，考核要素的厘定，直接关系考核方法的确定。

如前所述，提升裁判质量是审判业绩考核的首要目标。承载审判程序公正的庭审和实体公正的裁判文书，毫无疑问应当纳入考核要素。其次，审判效率自然不能忽视，但指标不宜设置得过细过密。因为人是具有活力和创造力的生物个体，规范过多过细，反而会掣肘人的内在潜能充分发挥。将直接体现办案效率的收结案数量、案件审理天数等主要指标纳入考核范围，当属适宜。再者，法官职业的另一重要特点就是与人打交道。态度、语言、气质等个人素养表现，事实上在调处纠纷中发挥着毋庸言说的重要作用。上海法院曾经倡导法官的“形象公正”，独特意蕴亦在其中。将法官的规范、文明举止和严谨、平和态度纳入评价范围，亦属必要。简言之，审判案件的质量、效率和效果，应当经由合理设置考核要素切实加以落地生根。道理虽然浅显，为何近年来较为多用的考核办法却顾及不足？

数据指标能否准确评估审判质量、效果？即时生成的审判质效数据具有客观性、精准性的特点，但无论是收结案数量的多少，还是审理案件的耗时长短等指标，主要都是反映审判效率情况。即使像当事人上诉率、案件改判发回重审率等数据明确冠以审判质量、效果指标的名称，略加分析，或者判断结论不够准确，即当事人上诉并不直接表明案件质量存在问题；或者只反映部分案件存在质量瑕疵或问题，对于绝大部分案件的审判质量状况未予清晰说明。这种现状与业绩考核应当具备的明确的审判质量导向功效，显然存在差距。

事实上，案件质量好坏、裁判公正与否，主要体现为人们的心理感受，属于人的意识与价值判断范畴。诸如善恶美丑等价值判断要素是很难用数据进行精确表述一样，审判质量也不例外。好比面对 100 份各类裁判文书，其写作质量肯定存在一定差别，倘若尝试用 1 ~ 100 的数字具体区分每份裁判文书的质量优劣，其过程一定是极其困难，其结论一定会颇多分歧。也就是说，价值判断具有主观性和盖然性的特点，并不适于用数字精确表述其程度差异。但是，这并不是说价值大小就不可置评，而是说应当采用合适的、类型化的评价方法。例如采用五分制或者优良、合格等等次对上述100份裁判文书予以评判，让其各归其类，在相对性的背景下其质量优劣就可跃然纸上、达成评价的一般共识。

由此可见，审判效率相对具有物质属性，可以采用数字化、精确化与可视化的评价方法予以表现；审判质量、效果更多归属价值判断范畴，只能采用主观性、盖然性和类型化的评价方法予以评鉴。唯有采用合适的方法，才能做对、做好该做的事情。

如何正确使用案件权重系数？案件权重系数基于既往审判案件过程提取关键要素进行阶段性的全样本分析，对法官审判不同类型案件所耗费的心力进行整体性的测算、描述，其价值毋庸置疑。但实际使用过程中应当关注两点：

一是整体状况并不等于个体表现。正如若干部件组成一个圆形，并不代表每个部件的形状都是圆形。将案件权重系数用于测算每个法官的具体工作量，则必生歧义。

二是既往状态并不足以说明现实表现。相同类型的案件，随着社会繁复程度的加剧，法官所面对的当事人、案件事实及证据等事项，真可用日新月异、今非昔比来形容。不断认知、及时调整、妥善应对各种新情况、新问题已成法官工作的新常态。

评价的要义在于客观中肯、恰如其分，以增强信心、提振士气。倘若评价不足、不好，则极易挫伤人的积极性。效果不佳，就不如放弃。所以，将案件权重系数用于整体考量审理不同类型案件的人员、力量配置等事项，是恰切适宜的。如果用作个体评价标准，即使添加浮动系数加以校正，也难免挂一漏万、以偏概全，自当格外谨慎。

办理刑事、民事、商事等案件的工作量能否进行统一折算？美国霍姆斯大法官名言：法律的生命不在于逻辑，而在于经验。其中旨趣自然包含了法官职责是调处纠纷、解人心结；人心微恙，素来讲究因人施策。刑、民、商事等不同类型的案件所涉利益有轻重，审理方式有不同，审判重点、难点更是迥然有别（个案差异较大，通常没有太大可比性），绝非仅用审理时间与文书、笔录字数等简单要素就能一体衡量法官们审判不同类型案件所倾注的心智程度。

况且，数理逻辑是唯一的，只讲数多为大。而审判逻辑通常讲究拿捏分寸、恰到好处，重在归顺人心。无论审理时间还是文书字数，都是过则冗余，甚至可能过犹不及、适得其反；即数理逻辑与审判逻辑并不完全合拍，在审判领域构建一体适用的数据化的案件折算标准，其内在合理性本身亦值得怀疑。

在司法实践中，刑、民、商事案件体量相差悬殊，遵循并非完全契合的数理逻辑进行统一折算，实际操作效果也很难令人满意。近期不少法院反映刑事法官普遍考核落后，刑事审判人员被抽调得难以组成合议庭等突出问题，可能与不同审判业务庭的工作量相互折算不无干系。

法律历来崇尚、追求相对合理性，为何要用以绝对合理性为特质的数理逻辑方法来折算法官审判不同类案的心力付出？可能的注解是，我们太过依赖科学的力量，急于搭上精细化管理的时尚快车，以致疏忽了物质和意识的基本界限及其表达方法。放下这一包袱，并非没有更好的选择。针对审判质效所涉的不同考核要素，分别适用合适的考评方法，综合评判审判业绩，应当是审判业绩考核的不二法门。

三、审判业绩考核的具体方案

审判业绩考核方案既要注重导向清晰、评价准确，又要避免操作烦琐，形成过重工作负担。构建一套简便易行、管用好用的实施方案，势在必行。

底线管理保效率。效率是工作的灵魂，审判管理也须讲究效率；尤其在案件数量持续激增的年代，对审判效率实施刚性的底线管理措施至关重要，也就是为每个法官规定阶段性的最低办案数量（基本工作量）。具体包含四个要点：

1. 设定基本办案量首先应当聚焦合理性。一般来说，基本办案量以月度为单位，通常可依据既往 3~5 年内特定岗位的法官办理此类案件的平均数量来设定。强调 3~5 年的周期性，主要考虑以法官办案的常态为依据。既不能要求最高数量标准，也不至于向最低标准看齐，所以选取平均办案数量具有相对的合理性。

2. 设定基本办案量应当强调多样性。因为案件具有类型不同、难易之分，法官具有年资差异、优势不同，针对不同类型的案件和法官，分别设置最低办案数量指标，此乃充分关注人案差异性的题中之义。实践中，不同审判业务庭大多根据工作需要，将本庭承办的案件细分几类，安排不同法官承担专门的审判任务，这些行之有效的经验办法应当成为基本办案量的设定基础；即实践中有几种合理分类，就可以设置几种基本办案数量标准。

3. 基本办案量的实施应当具有强制性。既然站立法官岗位，就应履行相应职责。如果连基本办案量也无力承担，则应作为退出法官员额的考量事项。当然实际操作还应注重人性化，不能一年未达标，就退额没商量。倘若法官遭遇重大疾患等特殊困难，当然应当排除在强制性的约束范围。

4. 基本办案量的运行还要具有动态性。不同岗位法官的基本办案量不是一成不变的，而是应予适时调整的，一般以年度收案数量变化态势为考量依据。也就是说，当全年收案数量出现明显增减情况时，就应分析新年态势走向，以决定是否以最新近 3~5 年周期重新测算、设定法官的基本办案数量。即在动态中力求平稳，在平稳中确保审判效率。

质量优先促公正。司法是最不能容错的职业，些许瑕疵或问题，必以放大效应损害司法公正性。司法裁判必须牢固树立质量优先意识。这里需要把握三点：

1. 评价审判质量应当突出中心工作。司法裁判通常由诉讼过程和裁判结果两个有机部分构成。其中审理过程的规范性，裁判说理的充实、完整性，理当成为评估质量的主干事实依据。至于结果上当事人的接受程度等因素，只能作为参考因素考量，绝不能忽略主次，仅依当事人的反馈意见就断言质量好坏。以往的多种考核办法之所以显得有所不足，恰恰都在主干事实部分有所缺失，以致某些似是而非的事实介入较多，影响了评价结果的公允性。

2. 评价审判质量应当注重直观性和贴近感。要评价法官的庭审质量，必须观摩庭审或阅看录像；要评说法官的裁判文书，必须切身阅读、品鉴。只有评价对象特定，评价主体贴近，才能真实认知、贴切评价。实践中有些涉及人的评价，现流行采用网络海选方法，类似这种依据间接图文介绍而展开的有感测评，概不可用于审判质量考评之中。正所谓尊重名器，才能始得敬畏。

3. 评价审判质量还应关注阶段性和覆盖面。一般来说，审判效率易于起伏波动，需要实施及时管控，一般按月或季度管控为宜；而审判质量则具有相对的稳定性，适宜进行阶段性管理，通常可拉长周期、按半年度或一年度来进行。既然实施阶段性评价，则应均匀布点，在上、下半年度均可随机抽选有代表性的庭审与裁判文书，实施以点带面的全面评价。所选庭审和文书的数量不能太少，以避免以偏概全的弊端。也可自荐与随机抽选相结合，以确保质量评价结论具有合理的覆盖面。

至于如何体现审判质量优先？可以通过加大相应考核比重予以明确导向。如在完成基本办案量之后，审判质量的考核分量明显重于办案数量。借此明晰质量指标及考核占比优势，凸显质量优先导向。

激励优异强引领。既然实施考核，必然激励优异。务必让业绩优异者成为工作标杆，发挥示范引领作用；相反，如果好坏无法分野，势必多生是非。常规的业绩考核制度，理当成为培育良好工作氛围的有力助推。实践经验表明，法院工作由审判、审判辅助等多种职能协同推进，激励各路先锋，既有物质奖励，更重精神加冕，这样才能发挥整体的加持功效。

整体激励达目的。考核的目的是促使人人为实现司法公正、效率而尽责，只要保质保量完成法官的基本办案量，即可获得奖励资格。当然考评有档次，激励有等分。对于难以计量的司法行政岗位等职能部门人员，应当建立具体岗位职责备考，日常逐项考评履职成效。真正做到口说不为凭，举手见高低。业绩非标榜，功夫在平常。

推进审判信息化建设的几点思考

2015 年 7 月，最高人民法院周强院长在全国高级法院院长会议上指出：“司法改革和信息化建设是人民司法事业发展的车之两轮、鸟之两翼。”随着大数据、人工智能和区块链技术的深度应用，审判信息化建设也在加速推进。如何积极稳妥地开展相关工作，真正为一线办案人员赋能减负，下面略谈几点思考。

一、司法特性与信息技术的应用范围

常言道：司法的本质是判断，通常包括事实认定与法律适用两个部分。尽管事实认定更具客观性、确定性，但两部分内容皆由常量与变量共同组成。例如，查明事实大多不是案件真相的原样复盘，而是两造充分抗辩形成的共识结果。两造的力量强弱及抗辩充分程度，实际影响着事实认定的最后结果。法律适用中的变量因素更为明显。尽管法律规范及其价值取向相对恒定、清晰，但适用到具体案件上是否拿捏准确，往往见仁见智，呈现一定的主观认知色彩。正因如此，司法裁判的目标，始终瞄准相对合理主义；法律适用的常态，一再强调严格规范与自由裁量权的有机结合。

另一方面，司法又是最不能容错的职业，实践经验反复证明，一旦发生些许裁判瑕疵或错误，很可能构成充足的上诉理由或改判依据，甚至成为信访缠诉、漫天要价的堂皇借口。其间不仅耗费大量的司法资源，而且极易损害司法权威或公信力。于是，司法审慎，乃成为溶入法律人血液的基本特质或曰职场铁律。

就信息技术来说，作为前沿科技，自然以精准、高效、可验证、可复制为基本特点。如各种人工智能应用场景，皆以数字化为基础，以各种算法为支撑，其中的精当性自不待言，尤其是高效便捷、无懈怠的显著优势，更是令高智人类望尘莫及抑或自叹弗如。

但就技术能级或智能水平而言，迄今人工智能尚处于思维能力的感知阶段，即具有了从现存事物或客观对象中感知其存在与否及运动变化规律的能力，离具备认知能力或创造性思维还有相当的距离。哪怕是不断进阶、令人啧啧称奇的阿尔法狗围棋技能，也并未超越智能的发展阶段。至于科技界正在尽力攻克的情感机器人，乐观说来也只是前景可期。不妨设想，即使有朝一日劲爆问世，作为以定分止争、为公民提供行为规范指引为天职的司法裁判活动，难道法官就该放弃主导，把裁判职责拱手让渡给精密发达的机器人?

由是以观，将信息技术应用于司法裁判活动，应当契合司法规律，明确框定合适范围，以达成人机优势互补的最佳效能。

具体来说，基于人工智能等信息技术的超强感知能力，将其优先应用于办案全程中的信息采集、传输、检索与利用是合适的。在认定事实环节，各种法定证据大抵可用信息技术来表现。无论是言词证据（含证人证言、鉴定意见、勘验检查笔录、被害人陈述及被告人供述等），还是实物证据（含物证、书证、音像视频资料及电子数据等），均可运用 OCR 音字转换与图文识别技术等统一进行数字化表达与传输。尤其是语音秒切视频片段技术，给高效检索、利用案件视频资料提供了绝佳助力。在法律适用阶段，查阅、检索法律资料及参考案例等，也是感知能力的擅长技艺。一旦涉足对于案件材料所承载的社会法律意义及价值取向之判断问题，则必须交由法官来进行思辨裁判。质言之，信息技术的优势在于针对确定对象的“现象识别”（感知特定对象外部特征之有无）；人类智慧的高超显于（透过现象）适时地理解、把握其“社会意义”。极速运算是信息技术的基础，实践积累是人类智慧的进阶。其中的静与动、确定与变化，正是我们在现阶段研发、利用信息技术时应予把握的尺度或曰不可僭越的界限。

因此，近年来时有所闻的各种“智能量刑”或者“裁判文书自动生成”等尝试，理当明确阐述其适用范围，即对于案件事实简单、法律规定明了的部分“简案”，可以先行先试；但凡涉及较为复杂的事实证据裁酌、法律价值判断，或者裁判充分说理等需要具体应用的裁判事项，则务必倚重法官的实践经验与专业智慧，不可轻言技术创新抑或替代问题。

二、研发智能辅助办案系统的一般要求

立足于问题与目标导向，研发各种智能辅助办案系统，应当有利于提升办案质效、减轻法官工作负担、节约社会资源，亦便民、利民诉讼。概括地说，研发伊始乃至推进全程，都要高度重视用户体验感及其满意度。为此，有必要关注三个维度：

第一，采集、传输案件信息，应当确保内容的完整、准确性，以解除办案人员“不敢用”的最大顾虑。在日常社会生活及经济交往中，案件事实证据材料往往存在多种表现形式或载体，如民间借据收条、纸质合同文本、商谈录音资料、事件现场录像等。按照常规办案流程，法官都会要求当事人务必提交各种证据原件，以便查验、审核真伪。如果发现重大疑点，还会要求进行相关专业技术鉴定。在采用数字化传

输所有证据材料的办案场景，法官主要通过电脑屏幕阅看电子卷宗材料。因此，常规的查验、审核证据真伪工作，只能关口前移到立案采集证据阶段。换言之，在法院立案窗口，安排训练有素的专业人员先行查验、审核证据原件真伪，然后扫描生成电子卷宗材料，这是保证法官依据真实证据材料裁判案件的必要举措。即使如此，立案时法院仍需收集、保存证据原件，以便法官在必要时调阅、审核其中细节，抑或进一步交由专业机构进行技术鉴定。此道证据鉴真工序，尚不可因推进新型办案模式而贸然省却。与此相应，在扫描生成电子卷宗时忽略初步审核步骤，以及拒收证据原件等操作，可能遗留较大的风险隐患，值得高度警醒。

另外，尽量使用成熟的信息技术及设备，也是确保办案信息完整、准确性的必然要求。例如，OCR 音字转换与图文识别技术以单一发音或文字、图形为识别对象，虽然不能达到百分之百的准确率，但辅以人工个别校正，即可满足正常使用需求。但是，对于裁剪案件信息所需的自动标注技术来说，因其以语言、文字段落含义为识别对象，即以语义识别为基础，如本段话语或文字表述了“犯罪动机”或“案件起因”之类，该项技术虽在深度学习中不断提升准确率，但离放心使用仍存较大差距，故不可在办案中贸然应用。也就是说，在办案件不能作为技术创新的试验品，提升技术水平不能以降低办案质量或牺牲个案公正为代价。

还要提及的是，传输、使用案件信息过程中的防遗失与防篡改，亦是不可忽视的要点。诸如案件信息忽变乱码，以及利益驱动下的各种刻意改动之类，哪怕只是个别或局部异动，也是司法特性绝不相容，应当扎实做到安防无恙。

第二，研发智能辅助办案系统，应尽力保证诉讼程序或办案流程的贯通性，以及常规办案场景的齐备性，以解决办案人员“不能用”的实际困扰。诉讼程序与办案实践通常表现为若干工作环节组成的一个完整活动过程，且每个环节都有其相对独立的功能或目的，因而不可顾此失彼、偏废其一。仅以普通程序的庭审为例，大多包含核对当事人身份、告知诉讼权利，进行举证、质证，通知证人出庭作证，组织法庭辩论及阅签庭审笔录，涉外或涉少数民族当事人案件还有翻译参与等；如果遇到诉讼进程变异情形，还可能产生简易与普通程序相互转换的需要。设计智能辅助办案软件功能，无疑应当囊括从庭前受理立案、诉讼文书送达、法庭审理，以及庭后评议、宣判，乃至移送上诉卷宗材料等诉讼活动全程。其间还大多关涉多个办案场域，如法官、检察官、辩护律师等既可汇聚于法庭，也各有自己的办案场所及工作流程，相互之间传输案件信息、依法调阅卷宗材料等，都应在授权的办案平台上操作自如又安然无忧。如果相关信息走不出法庭、法院，或者在常规工作环节频发卡顿、梗阻或中途折返等现象，审判信息化的价值就会大打折扣甚至失去优势。

第三，研发智能辅助办案系统，应当尽力贴近不同办案人员的良好工作习惯，以解除办案人员感觉“不好用”的心理负担。毫无疑问，实现审判信息化的过程必然伴随改变原有的办案习惯，但并不意味着可以断然抛弃或另起炉灶。对于经年传承的良好习惯与经验做法，应当尽力保留或者优化。例如，法官为厘清案件事实，对于多份证据材料经常摊在面前对比阅看；对于阅卷中的重要事实证据惯常制作、张贴醒目标签；对于卷宗材料中的关键字句往往立马摘抄或标记引用等。这些实操办法都是强化办案质效的有效手段，如何在电脑一屏显示条件下实现清晰承继与更为便捷、灵敏的操作模式，正是研发智能辅助办案系统中值得精雕细琢的地方。相反，如果忽略这些办案细节，法官只能在电脑屏幕上逐页查找或重复翻阅，不难想象，用户体验感就会不断耗损乃至消弭殆尽。

三、研发智能辅助办案系统的实践路径

研发智能辅助办案系统，无疑需要司法审判与信息技术两种力量有机结合。究竟如何有效实施，不妨检视以下几个问题：

第一，法律思维应当发挥主导作用。毋庸讳言，司法裁判与信息技术分别遵循形式逻辑与数理逻辑的严格规制，二者虽然可以交集应用，但宜慎言替代抑或交融。从实际情况来看，不少单位采用司法人员提出需求，信息技术人员为主实施的操作模式。由于后者对于法律及司法过程了解有限，加上两种思维逻辑固有的差异性，该种操作模式的工作效果时常显现路径比较曲折，且结果大多差强人意。

笔者体悟，相关研发不仅要以司法人员为主导，以通晓法律及其实施过程；而且有必要投入最强力量，以真正汇集司法最优智慧，力图实现最佳效能。道理很简单，实体与程序法律只是搭建了完整办案流程的基本框架，实际运行效果在很大程度上有赖于司法人员的专业素养和实践经验。法律专业人员素质越高、参与程度越深，信息技术将审判实践经验凝练得越充分、越仔细，智能辅助办案系统的性能当然就越实用、越强大。欲达成这一目标，司法人员也要虚心学习信息技术，准确理解、掌握信息技术的现实水平与发展趋向，以便在着手设计系统图纸中真正做到精确把握与恰切运用。倘若放弃法律思维的主导作用，不仅系统功能难保，而且很可能酿成人、财、物力资源的巨大浪费。

第二，全面系统比较研究应当作为常规方法。众所周知，信息技术有显著优势和光明前景，司法智慧也有信息技术无法替代的领域。于是，在司法办案流程的哪些环节，以及在何种程度上嵌入信息技术，这是必须透彻思考、精细解构的问题。

从采集信息环节看，音字转换与全程录音录像技术可以完整无遗地记录庭审内容，与书记员记录比较，其客观、准确性自然居优；但书记员记录通常可以剔除无用话语，规范口语表述，归纳发言要点，便利法官或其他诉讼参与人阅读、掌握内容精要。两相权衡，在简单案件的庭审中，主要依靠信息技术记录，应当无甚疑虑；对于疑难复杂案件来说（如当事人较多、争论激烈等），无论是庭后阅看庭审录像，还是音字转换的庭审记录，都可能因内容繁多而耗时冗长，从而掣肘整体的工作效率。毕竟高效采集信息的目的在于有效利用，如果前手改进的效能，导致后道工序负担倍增，此种改革也就意义不大。由此可见，区别案件类型采用不同的记录方式，应当是相对稳妥的改革进路。

从传输信息环节看，数字化传输无疑具有精准、快捷等无可比拟的优势，但必须经由专网和电脑终端才能接收、显示与利用，其使用场景受限可谓略显不足。对于传统纸质卷宗来说，虽然搬运、流转笨重不易，但选择、携带部分必需材料进入各种办案场所多无障碍。比较之下，前者便利传输、使用，更符合信息社会的发展趋势，应予推广应用。这里的重点在于：应当切实解决当事人及其他诉讼参与人在专网之外，获取、阅看以及进一步使用案件信息的便捷程度。换言之，法院主导下的各种司改举措，应当积极反映人民群众对司法的殷切期待和诉求，绝不能着力便利自己，反而淡漠了根本的服务宗旨。

从使用信息环节看，常规的查阅、检索、编辑信息等工作，大抵皆以信息技术见长。从完善细节处着眼，需要关注的变化是：线下立体多维活动，变成线上以屏幕为载体的平面显示、切换等操作。如线下可以任意挑选一本卷宗信手翻阅，线上变成任意点击目录或输入关键词查找，径直切换到所需材料。这里操作手法、活动空间都有改变，但办案功能绝不能因此受限。

概括而言，办案流程由若干工作环节组成，人机优势应当在具体、详尽比较中缜密构建、审慎取舍，目标始终锚定系统集成、强化整体功能。

第三，尊重规律、循序渐进、量力而行应当作为基本准则。司法裁判以实现社会公平、正义为最高价值追求，合议制审判无疑是确保办案质量的最佳模式。然而兼顾效率考量，独任制审判亦应运而生且呈逐渐扩展趋向。于是，加强独任制下办案质量与裁判权力监管，自然成为司法改革中不可须臾耽搁的重点。根据信息技术的优势，将前述简案、独任制与信息技术优先结合，应当更具有必要、合理与可行性。再者，信息技术的优点更多地显现在效率场域，而司法公正特别注重过程公开与程序正当，有些讼争还必须经历一定时间或过程，才能弥合分歧，亦即应用信息技术，还当有的放矢。最后，研发信息技术产品需要前期大量的资金投入与运行过程的维护成本，因此量力而行、加强统筹规划，防止低水平重复研发，也是必须注意的事项。

涉众型非法集资犯罪案件立审执衔接要点

近年来，不少法院承担着涉众型非法集资犯罪案件的审判重任。此类案件的突出特点在于：不仅涉案被告人数较多、犯罪事实相对复杂，准确认定罪责已属不易；而且及时追赃挽损量大面广、贯穿刑事诉讼全程，任务尤为艰巨；与此同时，持续做好受损群众的情绪安抚及社会稳定工作，亦不容丝毫懈怠或耽搁。人民法院职系其中，理当迎难而上。

一、案件受理与审查

自人民法院受理涉众型非法集资犯罪案件（含集资诈骗与非法吸收公众存款罪）伊始，即应将三项任务一并纳入工作考量，即畅通信访渠道、接续追赃挽损、抓紧安排审判事务。

受理案件时，有必要着重审查公安、检察机关是否随案移送三份清单，即被告单位或被告人名单、被害人或投资利益受损人名单，以及查扣被告单位或被告人财产清单。毋庸讳言，要求公安、检察机关收集、整理并提供“三单”内容，已然超出办案常规，但仍在侦查职责范围之内，确属办理此类案件、尤其是强化追赃挽损效果所必须。唯有公检法三机关自始同心勠力，才有望在正确定罪量刑的基础上，最大限度地挽回受损群众的财产损失，确保办案的法律效果与社会效果有机统一。鉴于此，如果发现缺失，应当悉心协商、要求补侦补齐。

被告单位或被告人名单，一般应载明三方面内容：（1）犯罪主体身份信息，如准确名称、姓名，工商企业登记注册信息或者居民身份证号码等，这是确定犯罪主体真实性与适格性的重要依据。实践中常见有些单位名称不同，而经营人员、场所及利益归属等完全同一，实为一个主体登记注册多个单位名称而已。对于此类在实体审理中应当进行单位人格否定的对象，在立案时先行收集可供身份识别的信息资料，尤显必要；此举可以相继减少诉讼程序与实体裁判上的系列麻烦，如仅据单位形式外观指定多名被告单位诉讼代表人的困难，以及整体罪责被不当分担而产生轻纵或放纵犯罪的问题等。（2）被告单位组织架构及被告人岗位职责情况。非法集资犯罪多以公司、企业正常从事生产经营活动面世，往往存在公司分支或不同部门的职责分工及管理层级。厘清不同职能及层级关系，既可直观了解各部分及相应个体行为在造成危害结果的原因力上所占比重、分量，也可借此管窥不同层级人员在主观犯意上可能存在的变化差异，对于准确区分非法吸收公众存款与集资诈骗罪具有意义，还对部分层级较低的业务员能否成为刑事追诉对象起到标记、提醒作用。（3）被告人违法所得情况。经济犯罪的被告人多以非法牟利为目的，违法所得数额大小，通常反映被告人在单位或共同犯罪中所处地位及所起作用的真实状况，也是公安机关在侦查中按比例查封、扣押被告人财产的主要依据，还是人民法院刑事执行的重点对象。然而，被告人惯于隐瞒违法所得事实，相关实物证据多见缺失或已被销毁。为查明事实真相，公安机关自始进行重点查证并予以列明，有利于人民法院串联片段证据，逐步进行印证、确认。相反，倘若疏于查证、追缴，让经济犯罪分子最终还有利可图，岂非吾辈失职失能？

被害人或投资利益受损人名单，相较其他类案，充分掌握涉众型非法集资犯罪的被害人信息，更具实操意义。在审判此类案件的三项重任中，无论是及时追赃挽损，还是有效安抚受损群众情绪、维护社会稳定，均与之密切相关。为此，至少需要载明三项内容：（1）被害人姓名及身份证号码，此类案件的被害人动辄成千上万，同名同姓、隐名投资等混杂现象并不鲜见。唯有仔细核对姓名与身份证号码双管齐下，才能有效防止张冠李戴、忙中出乱。即令如此，经由侦查阶段也不能指望将所有被害人查证、登记无余。正因数量庞大，才需公检法三机关全程接续努力，最大限度地减少遗漏和遗憾。（2）受损金额，即被害人合法财产因犯罪行为遭受损害的数额。至于常常纠缠其间的非法获利金额（也即非法利息），哪怕因多次投资转化为投资本金，亦不在法律保护范围之内，应当逐一予以剔除。这是认知上需要与被害人充分沟通的事项，也是证据上需要审慎甄别的事实。（3）便捷联系方式及银行卡账号，此乃进入审判、发赃环节的必用信息，在此不再赘述。

查扣被告单位或被告人财物清单，这是“三单”信息中最为吃重的一份，直接关系后续追赃挽损的效果，应当包含以下三方面内容：（1）财物品名、种类和数量，如房屋、车辆、古玩字画、股票、债权等，只有分门别类，才能区分轻重缓急，决定合适处置方式，配置相当处置力量。譬如，对于常见的车辆、服装等价值易贬损财物，必须注重先行处置。对于被告单位所持民事债权，如果债权债务关系清晰明了，法院可以径直纳入执行视野；倘若存在投资纠纷，法院适宜及时协商，督促合适人员进行清收、追偿；切忌茫然卷入其中，陷于既当运动员又当裁判员的被动窘境。由此可见，分类处置财物，理当了然于胸、逐项化为行动方案。（2）查扣时间、地点及期限，这些信息是办理财产续封、续冻手续的必须资料，也是实际执行中判断有无轮候查封及其顺位，以及前往何处转账划款的重要依凭，绝非可有可无。（3）查扣依据或理由，亦即应当记载财产的权属及性质，如是否属于赃款赃物，或者犯罪嫌疑人的退赔款物；尤其是查封案外人名下财物时，更应标注与案件或被告人的关系。这是表明查扣正当性的依据，也是案外人提出财产权属异议时必须提前准备就绪的佐证材料。

概括而言，“三单”信息事小体大、不可草率行事。虽不能苛求一次性完整、准确提供，但必须探寻在过程中逐步补充完善。如果忽略或延宕至审判、执行环节才着手收集、整理，从任务和责任两个面向审视，皆为不能承受之重，很可能亏负翘首以盼的受损群众。

二、信访接待与疏导

一旦法院受理案件，接待群众来信来访工作即会接踵而至。实践经验表明，畅通群众信访渠道至关重要，有必要提出以下“三性”要求：

及时主动性。从以往群众信访诉求看，绝大多数是希望及时了解案件审判进展及追赃发赃安排。所谓通过不断聚集上访，给法院或政府施加压力之说，不能绝对排除，但可以断言绝非主流或多数。只要及时畅通表达、切题回应呼声，就能在相当程度上减少群信集访，增进相互信任，取得群众支持。相反，拖延时间越长，群众的焦虑情绪势必增加，各种猜疑、谣言就会乘虚而入，催生社会不安定因素的概率就会越大。所以，漠视、回避信访矛盾，实为懒政、怠政抑或失职表现。

由于受损群众大多分布地域广泛，优先采用互联网技术等多种方式接访，是落实及时主动性要求的可取方案。例如，上海一中院在立案后立即上线运行《非法集资犯罪被害人信息核对平台》，设置“留言板”，让百姓足不出户反映诉求；开辟“公告栏”，分类适时解析群众疑虑，第一时间告知案件进展，自然使谣言止于智者，使群众忧虑得以舒缓。对于不可避免的集访群众，业已做到未雨绸缪，事先安排、告知接访地点，定期通告审判进程，尽力将聚集群访对法院工作秩序的影响降至最低。

充分有效性。面对人数众多的群信集访，法院干警力量往往十分有限。从方式方法来说，如果贸然采用喊话或者登高演讲之类的方法进行对话，实践证明通常效果欠佳。因为大家很容易被周遭气氛感染，情绪胜于意见，很难产生理性的声音与回应。总结经验教训，比较合适的方法就是引导群众推选代表，以便清晰、充分地反映诉求；不足部分还可以跟进书面意见予以补充。惟有双方都能清楚表达、倾心听取，才可望真正达成彼此的预期。实践中，多见受损群众自发组建微信群畅联信息。有的按地域组建，也有的按参与投资的项目集合，最多一群可容纳 500 人之众。如果法院与各个群主取得联系，由群主发挥信息枢纽作用，既可借助群众的自治力量，无疑也是有效沟通的方式之一。

从内容来说，每次沟通都必须充分准备、有的放矢；切忌把群众从各方招来，结果却内容稀薄，让人感觉应付差事、敷衍了事。一般说来，接访可从以下三个方面予以推进：（1）首先倾听群众心声，只有真实了解，才能真心沟通。事实上，不少财产线索，以及被害人的特殊遭遇等，不乏经由信访渠道获取的适例。（2）通报案件进展、回应普遍关切。既要讲清法院能做也在想方设法、倾力而为的思路与举措，也要说明不能或无法承诺的事宜及效果。因为，法院是讲理的地方，自身必须秉持以理服人的立场。任何回避或迎合之举，概为不智与自陷作为。群众是依靠和服务对象，应当以真诚绝非技巧而赢得人心。（3）告知需要群众支持配合的事项，只有坦诚相见、互通有无，才能结出良性互动的果实。

平和疏导性。直面受损群众，有时难免会遭遇激烈的情绪化表达或粗俗语言。常言遇事要冷静，法院干警训练有素，此时尤当如此。所谓始终保持平和心态，就是要在激烈情绪面前不被传感或激怒；面对失去底线的行为，仍能恪守分寸、当机立断、因应自如。这是法院干警的职业特质要求，也是不可多得的护身法宝。经验教训一再表明，个别群众说话粗鄙或行为失范，社会常有谅解空间。倘若法院干警一语失当或反应过度，则容易招致舆论反转，甚至满盘皆输。因为百姓确信，对公职人员理所当然地应当具有更高标准或要求。因此，耐心疏导是信访接待的职责本分，反怼回击没有辩解的任何余地。

俗话说，兵来将挡，水来土掩。应对各种复杂情况，关键在于预案在前。对于个别挑头滋事的违法者，一定及时固定证据，当场予以警告，然后依法作出处理。对于只是情绪过度、言语过激者，既要指出其错误或不足，更要开导其解决问题的合适方法。对于少数性格偏执、固执己见者，既不能急于求成，也不能置之不理。应当懂得：坚冰非一日之寒，但凡热心所到之处，必入融冰过程之中；若有恒心加持，依然可待消融之时。

约言之，既因信访结缘，就应以规范、文明、高效、便捷的司法服务，努力让每位信访者真切感受法治的力量与温度。唯其如此，信访接待才会空间、格局更大，同时更有价值。

三、案件审理与裁判

审理涉众型非法集资犯罪案件，确有不同于其他类案的着力点与方法论。

从定罪角度看，以下几点值得关注：（1）在客观事实方面，既然指控非法吸收公众存款罪或集资诈骗罪，首先应当查明被告人违规募集资金的事实。即被告人是完全没有融资资格，还是申请未获批准，抑或是超额度募集资金等；非法性是构成相关行政犯的基本前提。其次，应当查证被告人是否实施了各种欺骗行为。如虚构投资项目、夸大盈利能力、虚增经营业绩等。如果没有欺骗手段，何谈诈骗犯罪？最后，应当查清被告人非法募集资金总额、实际造成被害人财产损失金额，以及个人违法所得。这三笔数目，是认定相关犯罪社会危害性程度的关键事实。与此相应地，各名被告人分别实施了哪些行为，发挥多大作用，这是准确区分、认定各自罪责大小不可或缺的材料。（2）在主观事实方面，应当仔细查证各名被告人对于非法集资行为违法性的认知程度，以及有无非法占有目的。对于层级较低、缺乏金融从业经历或加入非法集资行列较晚的业务负责人及业务员，如果确实对于行为违法性认知不足的，则不宜纳入治罪范围。对于虽有概括明知，但对公司投资经营活动及资金用途、具体流向等一无所知，缺乏非法占有目的的，则只能认定非法吸收公众存款罪。对于先期从事非法集资，后来犯意发生转化实施欺骗行为，形成非法占有目的的，则应区分阶段事实，分别认定两罪。可见，主观故意内容的查证与甄别，对于准确划分罪与非罪、此罪与彼罪的界限均具有重要意义。（3）在证据认定方面，由于此类案件被告人数较多，层级、亲疏关系相对复杂，且大多时间跨度较长、甚至几经易手转让，亦缺少规范账簿管理等多种因素交织，被告人之间发生相互推诿，亲友间包揽罪责，或者拒不认罪等现象时有所见。倘若寄望被告人完整交代犯罪过程，大多归于枉然。于是，把握此类案件事实“概括印证”的基本特点，实属必要。即重在查明有无犯罪行为，不必苛求全部过程、细节相互印证；即使个人违法所得之类的事实难以精确查证，并不妨碍依据多名同类人员交代的接近数额，综合考虑时间长短等因素作出概括性认定。恰如不能准确认定作案时间，可以表述为“某年冬季的一个早晨”，不得缺失这一要素，然可留待量刑时酌情考量。如果一律秉持“精确印证”的证据标准，则可能因忽略案件特点而执尺过严，反致耽搁办案进程、失于精准打击。

从量刑角度说，有两个问题应予强调：（1）关联案件的量刑协调性。涉众型非法集资犯罪案件通常按被告单位公司层级或集资平台多寡，被拆分为主案和若干关联案件，诉讼进程多数不尽一致。为了保证适法统一，有必要区分两种情况把握：一是对于同期进入审判阶段的案件，尽管不同法官或法院的办案进度有快慢之分，应当确定主案承办法官或法院承担关联案件之间量刑协调之责。二是对于起诉时间相差较大的案件（如超过三个月乃至半年的），应当允许有的案件率先判决，但应参酌同期已决类案的裁判尺度，尽量保持同类案件量刑上的大体一致性。否则，“一刀切”地实行关联案件统一协调下判，则可能造成部分罪行较轻的被告人，因等候裁判而被过度羁押，反而有损刑罚的公正性。（2）积极退赃退赔对量刑的影响度。被告人积极退赃退赔的行为，既表明其认罪悔罪态度，又有利于修复受损的社会关系，应当在量刑上充分体现激励导向。以比较视野审视，具体可以把握四点：一是与贪污、受贿等侵犯多种法益的犯罪比较，非法集资等主要侵犯公民财产法益犯罪的被告人，可以获得更大幅度的从宽处罚。因其积极退赃退赔行为，能够更好地修复受损的社会关系。二是与罪行相当的被告人比较，退赔应当比退赃体现更大幅度的从宽处罚。因退赔是在无须或全额退赃的基础上，以合法财产弥补自身行为给被害人造成的财产损失，更能体现认罪悔罪态度的彻底性。三是与层级较高的组织、策划、指挥者比较，相同或相近数额的退赃退赔行为，应当给予层级较低的被告人更大幅度的从宽处罚。因前者本应对全案承担更重的罪责。四是与一审期间积极退赃退赔行为比较，二审期间的相同表现，从宽处罚幅度应当从严掌握，以防止认罪悔罪态度上的投机取巧。

从追赃挽损角度讲，刑事审判合议庭自接收案件开始，即应高度重视并跟进财产处置工作，大致做到以下三点：（1）急事急办。打开案卷，即应从速清理并协调执行部门续封、续冻涉案财物，先行处理价值易贬损物品等。如果发生时间脱节或者处置逾期等问题，则可直接归咎失职行为造成群众财产损失，理当承担相应责任。（2）大事不放。庭审中，对于尚未明晰的赃款赃物去向，尤其是大宗财产的流动过程，应当列单追踪，逐项查明就里。只有事实落于细节（如时间、地点、人物、事件诸要素均得到查证），才能为进一步追缴、清收打下牢固基础。（3）难事不推。庭审结束之后，也即定罪量刑接近成形之时，应当抓紧安排对于查扣财产权属异议的审查与听证。被告人及其家属，或者案外人对于公安机关查扣的财产权属提出异议，这是发生在刑事诉讼过程中的民事诉请，但不属于刑事附带民事诉讼的受理范围。若能在刑事判决前加以处理，既便于直接针对各名被告人查证财产权属情况，防止判决交付执行后通常难以查证的问题；也有助于及时明确刑事裁判中的财产判项，实现充分完整裁判。因此，借鉴刑事附带民事诉讼制度的便民优点，兼顾不能过分拖累刑事诉讼进程的平衡考量，尝试采用嵌入方法，进行书面审查或听证，此乃实践解纷的探索举措。不然的话，法官就只能一如既往，对刑事财产判项作概括、笼统表述，既不利于保护公民的合法财产权利，亦势必给后续执行工作带来诸多困扰。到头来权属争议依然存在，仍得回首调卷、从头评议。徒增难度不说，效果上也很可能因时过境迁或人手交替而有所折扣，故不足取。在此，特别提及以下三个事项：

一是如何处理复杂的财产权属争议？实践中，部分财产权属争议涉及股权投资、信托资管或民间借贷、遗赠等民商事法律关系；至此，刑事审判合议庭务必跨庭邀请相关专业法官提供智力支持，共同研判把关；同时可邀请检察机关派员实施法律监督，目的只为公正裁判。

二是如何运用财产权属异议审查、听证结论？对于财产异议审查、听证形成的判断结论，应当制作刑事裁定书予以公开，允许当事人进一步提出上诉，由刑事二审合议庭作出终审裁判。也即既要给予当事人充分的财产权利救济途径，也要与刑事案件处理适度分离，不能杂糅一团、形成拖累。此外，如果当事人是在执行过程中提出财产权属异议，且确有相关证据和理由的，经原审刑事审判合议庭审查确认，则应启动审判监督程序作出相应处理。

三是如何处理遗漏被害人的权利诉求？在涉众型集资诈骗案件中，由于各种原因，公安人员很难在侦查阶段查明所有被害人的情况。在审判过程中发现遗漏被害人及相应事实的现象不足为奇，也在所难免。对此，大致可以区分两种情形分别处理：其一，如果遗漏被害人人数较多，受害事实足以导致被告人的罪行轻重发生重大改变的，一审判决前，应当建议公诉机关补充起诉，一并审判。如果发现于二审阶段的，可以事实不清为由，发回重审。如果发现于判决生效以后的，则应协商检察机关另行起诉，与原审判决实行数罪并罚。其二，如果遗漏单个或少数被害人及相应事实，对于被告人的罪行轻重影响不大的，则可本着司法经济原则，侧重保护被害人的合法财产权利。可以由刑庭人员审查被害人提供的受害受损证据，并约请检察机关派员一并审查把关，待确认相关事实后，直接将其纳入执行阶段的发赃被害人名单，平等实施民事权利保护。如果强求一批批遗漏被害人及相应事实都须经过审判过程予以确定，则势必徒增诉累、延宕主案审判进程，故不足取。

四、财产执行与发赃

涉众型非法集资犯罪案件的执行工作艰巨而光荣，既有大量财产需要处置变现，力求保值增值效果；又要直面成千上万的受损群众，做到平稳有序、准确无误地退赃发赃，兑现群众权益。于是，配足配强执行力量，是做好相关工作的基本前提。就推进工作来说，以下几点值得叙及：

一是建立每月例会制度，是推进疑难复杂问题及时解决的有效方法。其中需要把握两个要点：（1）主要领导挂帅出征。因偶发、频发的各种疑难问题时常超出单一执行部门，甚至是分管院长的职责范围，需要足够的权威协调相关部门力量，形成攻坚克难的工作合力。例会制度的优势，就在于及时研判问题，防止中途卡壳或梗阻毛病。（2）专业力量必不可少。因不少疑难问题没有现行法律规定，需要依据法律精神、原则，创新工作举措，提出破解方案。倘若缺少专业能力支撑，则很可能缺乏拍板定案的底气，从而滋生“议而不决”的流弊。例如，非法集资平台的业务员能否成为发赃对象？依据相关政策与法律，业务员没有纳入刑事追诉对象是可取的；但声称本人或代替他人投入大量资金，主张作为被害人参与发赃合适吗？其实，业务员是非法集资行为的实行者，对于共同造成他人财产损害的结果，在民事上是承担连带赔偿责任的主体。因此，在损害赔偿数额范围内，其主张被害人权利是没有法律依据的。当然，如果能够确证系受托投资，对于隐名被害人而言，自可另当别论。又如，庭审结束后报案的被害人如何妥处？因为各种原因，有的被害人系在庭审结束以后，才赶来申报投资损失。对此，只要证据确实并能说明迟报事由，经合议庭审查确认无疑的，适宜直接纳入发赃对象；而不必恢复庭审、舍简就繁。诸如此类的棘手问题，实践中可谓不一而足、时有显露。唯有强化责任担当，依靠集体智慧，才能做到逢山开路、遇水搭桥。

二是注重协调各方，是达成最佳解决方案的重要一环。例如，携手地方党委、政府，维稳解纷资源就会更多、力度也会更大；联络社会中介组织实施网络拍卖，受众面更大、溢价率往往更高；委托社会专门机构代为清收追偿，力量更强大，业务更专业，也更具有社会公信力。包括群众自治力量，如大宗财产处置中邀请被害人代表参与其中，既有利于消除群众疑虑，也对于提升司法公信力大有裨益。一句话，不少审判执行工作不能受困于单打独斗，而须长袖善舞、善于借力。集思广益、群策群力是推动工作更上层楼的捷径或阶梯。

三是充分利用信息技术，是规范高效地推进发赃工作的关键一招。针对数以万计的被害人或投资利益受损人和数以亿计的发赃钱款，无论是核对发赃金额，还是操作具体划账，离开了互联网信息技术平台或银行金融网络系统，实施过程都是难以想象的。譬如，将人脸识别技术运用于前述《非法集资犯罪被害人信息核对及发赃平台》，不仅提升了相关工作的高效便利性，而且强化了运行过程的安全可靠性。对于法院来说，提升工作质效自不待言；对于受损群众来说，增进实在获得感已不是虚言。

如何具体推进发赃工作？我们不妨遵循四条原则：一是公开、公平发赃原则，即将发赃信息全部公开，保证受偿比例一致，接受社会监督与质疑。二是最大限度发放原则，即以追回变现的财产为限，以确认受损金额的多数被害人利益为考量，按照最高比例进行发放。不求全体无疑一起发放，但求最大范围地及时兑现群众权益。三是充分保障质疑者权利原则，即对于发赃金额等提出质疑者，允许其充分举证、维护自身权益。操作先行发赃时，预留充足资金以供后续发赃。四是分类指明解纷路径原则，即对于暂时未能纳入发赃范围的群众，必须分类说明需要解决的实际问题，并逐一指示解纷路径。从上海一中院针对数万群众发放数十亿资金的过程看，过去需要数月甚至经年才能达成的目标，如今仅在数日之内鸣金收兵。

事实胜于雄辩，非法集资犯罪案件的财产执行难关并非不可逾越。办法总比困难多不假，或许信心决心更为关键。

刑民交叉案件的范围、类型及处理原则

刑民交叉案件的法律适用问题，是司法实践中长期关注、迄今仍需深入研讨的议题。推进此项适法统一，既要清晰树立不同部门法之间整体协调裁判的司法理念，也要潜心研究实际问题，摒弃仅以观念思辨代替务实研讨的清谈之气，以切实解决现实争议问题。

一、刑民交叉案件的定义和范围

研讨问题，首先应当界定讨论范围。如果各自针对不同对象展开议论，势必各说各话，难以达成研讨目的和共识。关于刑民交叉案件的定义和范围，目前的主流观点认为：刑事、民事案件涉及“同一事实”的，属于刑民交叉案件，原则上应当纳入刑事诉讼程序一并处理。所谓“同一事实”，是指行为主体、行为客体或对象，以及行为表现三者均相同的情形；如果其中之一发生变化的，则属于“不同事实”，应当分别作为刑事与民事案件依法独立审判。

从实际情况看，刑事与民事案件并非只有“事实完全竞合”一种交叉形态。在事实部分竞合，或者彼此存在主从、隶属等牵连关系时，同样产生刑民法律关系需要整体考量、刑民诉讼程序需要协调推进的必要性。典型适例如行为人诱骗他人担保实施贷款诈骗罪的情况，尽管行为对象分别为银行和担保人，行为表现是骗取担保和诈骗贷款两种不同内容的欺诈，但两个行为之间呈现犯罪手段与目的的关系，共同造成银行钱款被非法占有的危害结果，前后构成一个完整的犯罪行为过程。倘若人为地将银行与保证人之间的所谓“担保行为”从贷款诈骗的基本事实中分离出来，单纯作为一般的民事案件进行审理与裁判，可能产生的事实偏差或归责欠当，则是不难想象的。即令在一人犯数罪的场合，如果有的罪行涉及人身损害赔偿等民事诉讼，一般也倾向于刑事、民事案件协调推进，尽力达成“以刑促民”或“以民济刑”的综合审判效果。一言以蔽之，在刑事、民事案件并非“同一事实”的特定场合，整体协调裁判仍然十分必要。

在司法实践中，也有同志对刑民交叉案件作广义的理解，即将经济纠纷涉嫌刑事犯罪如何准确区分、妥善处理问题一并纳入研讨范围。严格说来，这一议题并不涉及刑民两种法律事实交叉并存、如何避免矛盾或冲突裁判的问题；其实质是如何准确掌握经济犯罪的界限，重点在于切实贯彻刑法谦抑原则，审慎把握涉民间借贷、合同股权纠纷、非法经营等案件的犯罪构成要件及成罪标准，以及从严掌握相应的证据规格。前者关注犯罪构成要件及证据的正当、充实性，后者重视刑民两种法律事实、规范在裁判上的协调一致性。二者各有置重，适宜分别研究。倘若杂糅一团，笼统讨论“先刑后民”或“先民后刑”的合理性，结论很可能是南辕北辙，因为原本就不是一类争议问题。本文立足于狭义范畴展开相关讨论。

基于此，刑民交叉案件，是指一个完整的案件事实过程所包含的当事人合法权益，通常需要经由分别提起刑事和民事两种诉讼才能给予充分保护或救济的案件。具体包括以下三个要点：

其一，刑民交叉案件通常形成于一个案件的完整事实过程之中，包括案件发生、发展、结果及其后续处置的全程。一个案件既可以是单一犯罪，也可能是数罪合并追诉的情况；如数个盗窃罪或故意伤害罪一并追究，均涉及财物损失的赔偿问题就是适例。其中的多个法律事实之间或同根并生，或因果相连，或后续延展，但都是一个完整案件事实不可或缺的组成部分，也是刑民交叉案件发生的范围所在。

其二，刑事与民事两种法律事实交叉并存、紧密关联。刑民法律事实既可因行为主体多元而形成，如不负刑事责任的未成年人参与共同伤害犯罪，其监护人代为承担民事赔偿责任就是其中的典型案例；也可因复合行为而产生，如行为人以高息揽存等方式诱骗他人赴指定银行存款，在开户过程中既利用存款人的轻信，也瞅准银行工作人员审核把关不严的缝隙，擅自开通网上电子银行业务并截留数码介质“U盾”，嗣后使用“U盾”盗划他人存款资金的行为即是适例；还可因犯罪行为而引发，如行为人犯交通肇事罪而触发保险公司对被害人的人身伤亡理赔责任等。可见，刑民法律事实发生的成因具有多样复杂性，但交叉并存于一个自然的案件事实过程之中，乃是基本特征。

其三，刑事与民事两种法律责任具有交互性和整体性，共同构成一个完整案件法律责任大小的评判依据。尽管刑事责任居于主导地位，但民事责任具有补充、调节作用，二者并非完全独立。于是，刑民诉讼程序的启动、推进也相应具有关联性，需要彼此协调、相互照应，唯此才能达成既充分保护救济合法权益，又依法合理追究法律责任的司法目的。

二、刑民交叉案件的类型与规范目的

合理分类是有效规制的重要方法。问题越是复杂，越需要找准分类标准，适时条分缕析，以利透视问题本质，提出有针对性的解决办法。梳理典型争议案件，切入因果关系视角检视，刑民交叉案件大致可以分为三种类型。

一是一个行为造成两种以上的损害结果，分别需要提起刑事和民事两种诉讼予以保护救济。例如，一个故意伤害犯罪，既造成他人人身伤害后果，又导致被害人因治疗等事由产生财物损失，通常需要提起刑事附带民事诉讼或单独提起民事诉讼一并实施刑民两种救济，此乃事实竞合或“一因多果”的典型。

二是多个行为或事由共同酿成一个损害结果，但行为人之间并无共犯关系，而是应当分别承担相应的刑事与民事责任。譬如，单位职员利用职务或工作条件上的便利，或者冒用单位名义实施个人诈骗犯罪，所属单位因存在管理疏漏等过错而承担替代赔偿责任；以及学生在校期间遭到不法侵害，学校因未尽到管理责任而承担补充赔偿责任等，均属事实牵连或“多因一果”的适例。

三是犯罪行为或其后续处置行为直接引发民事纠纷，使刑事、民事诉讼相继发生。又如，犯罪人将违法犯罪所得（如赃款赃物等）用于消费挥霍或归还债务，进而引发财物所有人与实际占有人之间的善意取得之争，以及前述交通肇事犯罪引起保险理赔之诉等，皆可视为事实延展或“因犯罪而继发民事诉讼”的类型。

就一般经验而论，在案件数量上，“一因多果”与“多因一果”类案件占据刑民交叉案件的绝大部分；“因犯罪而继发民事诉讼”类案件相对较少；在刑民关系上，“一因多果”类案件多属侵犯人身犯罪一并引发财物损失，民事诉讼具有衍生性和附带性。“多因一果”类案件大多属于侵财犯罪，刑事犯罪往往是主因，民事案件多因牵涉次因或条件而产生，具有补充性或依附性。在法律责任上，“一因多果”类案件的责任主体比较单一（当然不排除复杂的共犯情形），民事责任上的争议主要在于合适范围，如人身侵害犯罪中是否应当判决伤残赔偿金或死亡赔偿金等。“多因一果”类案件大多只造成财产损害，犯罪作为主因理当承担退赔主责，次因或条件按常规只能依过错大小承担补充责任。但有无例外替代承担主责或连带责任的情形？正是由于责任主体的多元性和责任类型的多样性，导致此类案件成为实践中多发争议的地带。相形之下，“因犯罪而继发民事诉讼”类案件的民事责任具有一定的独立性，其与具体的犯罪构成事实没有太大的关联度，故单独评价多无大碍。

究竟各类刑民交叉案件如何妥处？尽管道理并非深奥，但多年以来，刑事或民事裁判的习惯思维或惯性不时显现巨大魔力，以致各家只顾规则自洽，彼此强调的方面多有龃龉。因此，专门明确解决刑民交叉案件的靶向目标，依然十分必要。

法谚云“有损害必有救济”，将充分救济受损法益作为司法裁判的优先选项，应该无甚异议。与此相对应地，对于被告人的科刑追责，应当做到依法有据、责罚相当，这也是司法公正的题中之义。再者，实体裁判必须依据程序法有序展开，当属法治要义。因此，刑民诉讼理当适时跟进，既防冒进也忌延宕，以达成最佳救济效果。确定以上三维目标指向，立足三类案情表现，具体处理方法则如六辔在手，余下当可轻车便行。

三、刑民交叉案件的处理原则

依据法律价值的统一性和司法裁判的目的性，审判刑民交叉案件，有必要遵循以下三项处理原则：

1. 整体协调裁判原则。即“有关联就须讲协调”。无论是事实认定，还是法律归责，均应将刑民两个部分作为整体观察考量，作出相互照应、彼此相宜的认定与裁判。

从实际情况看，由于缺失整体协调裁判观念，在事实认定方面，刑民法律事实很容易发生以下三方面的问题：

一是形式与实质认定明显冲突背离。即当行为人以合法的经济活动之名行侵财犯罪之实时，倘若民事诉讼仅就作为犯罪手段的所谓“经济活动纠纷”进行审理，则极易产生案情表象与事实真相的严重背反。如前述刑事判决认定担保和贷款两份合同都是行为人诈骗银行钱款的“犯罪工具或手段”；而单独进行的民事诉讼却判决两份合同或其中的担保合同仍然合法有效，应当继续履行；此乃刑民判决就同一事实作出冲突裁判的典型例子。

二是事实认定止于表浅或失于片面。即在有些新类型、疑难复杂犯罪中，离开了刑事诉讼对于案件事实的完整查证，相关民事诉讼很难查清案件事实与法律责任。如前述以高息揽存为诱饵盗划被害人银行账户内钱款的案件，刑事判决通常会详细查证诈骗犯是仅冒充银行工作人员利用客户接待室实施骗术，还是银行柜台工作人员也存在审核把关不严的过错等作案细节；细节不同，银行与存款人各自的过错程度往往会有别样表现。但在民事诉讼中，被害人大多只讲亲眼看见自己的钱款存入银行却莫名遭遇损害的简单过程，对于诈骗犯如何施展骗术或银行工作人员如何陷入过失等案件详情，要么一概不知，要么刻意回避，以免言语间暴露本人的轻率或疏失。很显见，仅仅依据原被告双方的陈述和举证，民事判决对于两造之间的债权债务纠纷及其法律责任大小，很难作出完整、准确的认定。

三是对于同一事实各依所持作出不同认定。即由于刑事与民事证明标准的不同，对于同一事实可能很自然地出现两种裁判结论。如在不少经济犯罪案件中，刑事判决可能因为证据充实性的原因而扣减部分犯罪数额；而在被害人另行起诉被告人所在单位代位承担赔偿责任的民事诉讼中，相关损失数额则有可能获得支持或认可。

至此不难看出，刑民法律事实可由多种原因形成认定上的脱节或抵牾。但比较而言，刑事认定通常更能接近事实本真或实质正义。树立整体协调裁判观念，确定相关民事认定应以刑事判决为依据或相衔接的一般原则，上述三方面的问题即可迎刃而解。

在法律归责方面，实践中暴露的主要问题是刑事与民事责任的分裂脱节问题。例如，刑事附带民事判决故意杀人案中的死亡赔偿金不属于物质损失范畴而不予支持，而另行起诉的民事判决却全额支持被害人家属的相关诉请；以及刑事案件已经在进行追赃挽损，民事诉讼又就同一损害结果另行判决全额赔偿。诸如此类情形，或许单就刑事或民事一角来看，均可谓言之有理、持之有据；但就整个案件的裁判结果来说，不仅凸显刑民法律责任的直观冲突，有损司法的严肃性和权威性；而且造成司法过度保护或苛责被告的明显不公，亦背离司法的公正性和目的性。

申言之，无论是“一因多果”还是“多因一果”类案件，均涉及法律责任的适当分配；可以是刑民法律责任之间的有效互动，如被告人积极赔偿取得被害人谅解而可适度减轻刑事责任；也可以是民事责任在各个责任主体之间的合理分担，如民事责任可能表现为连带责任、按份责任或补充责任等不同形态。但归根结底，刑民法律责任既要从个体上体现原因力大小与责任轻重的匹配性，也要从整体上体现法律责任与损害结果的均衡性。唯有整体协调，刑民法律责任才能相得益彰、落地生根。

2. 充分合理救济原则。即对于当事人遭遇损害的合法权益，既要依法给予充分保护和救济，又要慎守畛域、遵循填平和过错责任原则，保持合理限度。对此，实践中经常关注以下三个问题：

其一，对于涉犯罪的合同，如何处理其效力？实践中不少同志主张“合同并不当然无效”，主要基于两条理由：一是为了充分保护守约方的合法权益，可将涉犯罪的合同认定为可撤销合同，是否作撤销处理，交由守约方在规定期限内自主决定，以保证其充分行使选择权，实现守信重诺的可期待利益。二是刑事判决只能追偿被害人的财产本金损失，只有确认合同效力，才能让被告人承担赔偿违约金等的合同责任。

这里相应涉及两个问题：一是追究被告人侵犯财产犯罪的刑事责任，能否保护被害人的合法财产权利？二是是否只有通过认定合同有效，才能最大限度地保护被害人的合法财产利益？

从实践情况看，既然行为人涉嫌合同诈骗等犯罪已经受到刑事追究，被害人受损的财产权益就必然经由刑事追赃、责令退赔等强制措施得到国家强制力的有力保护，并不存在刑法只保护国家和社会公共利益的问题。刑法作为保障法，无疑已将国家、社会和公民的合法权益完整纳入保护范围，实施更为严格的保护。那么，是否存在刑法仍有保护不足，需要通过确认合同有效、经由民事诉讼予以进一步救济的情况？这里不妨设想两种情形：

一是如果刑事被告人与民事被告同一，刑事追赃不足，民事救济难道还有其他发挥空间？假如被告人具有退赔能力，通过刑罚推动被告人积极退赔、取得被害人谅解之道，一样可以达到让被害人受损权益得到更好修复的“双赢”目的。也就是说，在诉讼对象相同的场合，民事诉讼就没有展开的余地。

二是如果被害人另辟蹊径、针对担保人等非共犯主体提起民事诉讼，在法律上完全可行，但此时必须解决与刑事追赃就同一损害结果进行重复保护和过度救济的问题。因为，侵权、违约责任的基本遵循都是填平原则，重复保护和过度救济显然均不足取。况且，在前述利用担保人实施的贷款诈骗案件中，担保人与被害人同处受骗被害人的地位，都有责任依过错程度分担财产损失。倘若在两个平等主体之间，径直判决一方对另一方承担全部赔偿责任，则意味着对另一方实施特别保护，其事实依据何在？次因或条件能够承担主责或全责？显然在法律上值得深入思考、审慎斟酌。

事实上，对于刑事追赃不足的部分，完全可以由被害人就实际损失对担保人提起损害赔偿之诉，如此既可对被害人体现填平原则，不致重复过度保护；又可切实追究担保人在“多因一果”的侵权损害中理应承担的过错责任，实现法律的公平公正性。约言之，认定涉犯罪的合同仍然合法有效，既有法律逻辑上的悖论，也有实际操作中的困扰，并无真正必要性。

其二，在刑民交叉案件中，如何掌握民事诉讼的合理范围？从现行法律规定来看，刑事诉讼法及相关司法解释从案件类型和财物损失范围两个维度，对附带民事诉讼的审理范围作了明确限定；即被害人因人身权利受到犯罪侵犯或者财物被犯罪分子毁坏而遭受物质损失的，有权提起刑事附带民事诉讼。从法律解释论上说，一般认为犯罪给被害人造成的财产性利益损害是多方面的，但基于现实考量，相关法律只支持被告人赔偿“直接损失”。从司法实践情况看，在总体遵循现行法律规定的前提下，也有适度扩大民事诉讼审判范围的呼声及个案裁判。如有的判决将伤残赔偿金、死亡赔偿金纳入侵犯人身犯罪的民事赔偿范围；有的判决支持强奸案件的被害人提起精神损害赔偿之诉等。

归纳各方考量，主要强调的理由有三点：一是尽管刑事诉讼已经对于被告人的犯罪行为判处刑罚，但不能以此代替对于被害人遭受实际损害的民事权利进行充分救济。二是受刑被告人大多不具有巨额赔偿能力，仅仅基于被害人需求裁判可能造成普遍执行困难，失去政策层面的平衡。三是刑事附带民事诉讼不宜纳入繁复的民事救济内容，否则势必拖累刑事诉讼进程，有悖于程序设计的初衷。

毋庸赘言，上述意见取向不尽相同，但皆有合理可取之处。重点在于如何缩短、平衡应然方向与实然条件之间的差距。此外，还有一点应予特别关注：即任何人不能因为违法犯罪行为而获利的至理铁律。以往较多的是从违法犯罪者角度予以阐释，其实于被害人角度亦当如是。否则，不足以防范故意制造犯罪陷阱而使自己从中获利的法律漏洞。无论是侵权法律责任坚持填平原则，还是刑事司法惯例追究直接损失，应该都可在此找到注脚。鉴于此，可否按如下思路界定刑附民以及单独提起民事诉讼的审理范围。

对于严重侵犯他人人身权利的犯罪，可依判处刑罚的轻重决定相关民事诉讼的范围。具体来说，对于被判处无期徒刑以上刑罚的侵犯人身权利犯罪，基于惩罚的相当性和实操的可能性，不宜再行支持伤残赔偿金或死亡赔偿金的诉请。而对于判处有期徒刑及其以下刑罚的同类犯罪，则以裁判支持为宜，以满足公民观念上对于付出身体伤残或生命代价的公平心理需求。至于轻罪支持“两金”赔偿而重罪相反的“倒挂现象”，可由刑事与民事法律责任的整体协调性予以周延诠释。

对于利用经济合同等方式实施的侵财犯罪，不宜将违约金等合同项下的可期待利益纳入民事诉讼范围。就常识而言，合法利益应当源于正当行为。在侵权犯罪中主张合法的经营利益或利润，难免本质上有违事理，且有陷入“不排除犯罪中也有利可图”的道德旋涡或行为导向风险。从客观事实看，对于绝大多数经济犯罪，被害人能够全身而退已实属不易。倘若设定获利预期，可能只会落得重温古训：“行有不得，反求诸己”。

对于其他犯罪涉及的民事诉讼，宜严格按照“直接损失”掌握审理范围。其中不妨把握三个要点：首先是合法性，即作为司法保护的对象，直接损失一定要具有合法属性。其次是因果性，即被害人的财产利益损失，必须是侵权行为造成的，具有直接的因果关系（当然不排除多因一果的情形）。最后是实然性或必然性，即财物损失必须是已然或必然会发生的。举一例说明：被害人在一娱乐场所从事异性陪侍服务，其间遭遇多次强迫卖淫。其能否提起附带民事诉讼要求赔偿误工损失等费用？很显见，要求赔偿误工损失费应以已经从事正当合法职业为前提，如果只是或然性或可能性，则因不具实然性而难以认定为直接损失。

其三，对于犯罪人将赃款赃物用于还债、转让的，能否继续予以追缴？近年来，有关司法解释性文件以第三人是否“善意取得”为标准，规定了刑事追赃的限度。实践中不少案件的刑事追赃进程，也因第三人主张系善意取得而被迫止步。笔者认为，只要赃款赃物去向明确、脉络清晰的，原则上应当一追到底。简要理由有三点：第一，债权人主张债权，不能以损害他人的合法财产权利为代价。第二，继续追缴赃款赃物，并不影响债权人行使债权。第三，对于刑事被害人的财产权利给予一定程度的特别保护，既可避免其二度受伤，同时也是刑法作为保障法彰显权威性的必要或必须。至于规范性文件所规定的“善意取得”情形，应当进行严格界定。只有确实经过公开、透明的市场交易程序完成的买卖行为，才能认定为“除外情形”，可以阻却刑事追赃，以保证市场交易秩序的安全性和稳定性。

3. 诉讼经济便民原则。即刑事、民事诉讼程序的启动与推进，既要瞄准实现司法目的，也要贯彻诉讼经济、便民原则，尽量使用最少的司法资源，达到最佳的保护救济效果。根据司法实践经验及上述案件分类情况，有关刑民诉讼程序可分如下三种情况处理：

第一，对于一个行为造成多个损害结果的，可以同时或相继启动刑事与民事诉讼；但具体民事责任大小，一般还是有赖于刑事诉讼先行查明的案件事实。但是，如果犯罪嫌疑人潜逃致使刑事诉讼程序中止的，或者被害人急需医疗救治等费用，民事诉讼的被告承担连带赔偿责任的，可以先行推进民事诉讼，以充分保障被害人的合法权益得到及时救济。至于犯罪嫌疑人在民事诉讼中享有的举证权与答辩权等，皆可因其逃逸行为而被视为放弃；共同侵权人先行承担连带责任后的责任分担问题，可在刑事诉讼查明各自行为及其责任后，作为内部问题另行解决。

第二，对于多个行为造成一个损害结果的，原则上只能启动一个诉讼程序予以救济；不宜针对不同对象同时推进刑事与民事诉讼，进行并行救济。如前述诱骗担保诈骗案，只有银行财产被骗一个损害结果，在已经展开刑事追诉的情况下，就没有必要同时推进民事诉讼。只有针对刑事救济的不足部分，适宜推进民事诉讼、展开补充救济，以避免重复过度救济的弊端。但是，如果被害人认为有必要针对侵权行为关联人先行提起民事诉讼、仅仅申请财产保全的，应当予以准许。待刑事诉讼查明案件基本事实及其责任以后，再行推进相关民事诉讼。

第三，对于“因犯罪而继发民事诉讼”类案件，可以并行或先行推进民事诉讼。因此类民事诉讼仅以犯罪结果事实为归责依据，对于犯罪行为事实具有相对的独立性，故及时推进有利于维护当事人权益。综上所述，对于刑民交叉案件，相关诉讼程序的启动与推进应以“先刑后民”为原则，以“刑民并行”或“先民后刑”为补充或例外。

中编

法官的遴选与培养

完善法官遴选制度的思考

法官员额制改革的目标之一，是实现法官的职业化、专业化与精英化。然而，在人民法院普遍面临案多人少矛盾的压力之下，不少法院相应提出扩大法官员额比例、增加办案人手的迫切需求。从经验层面分析，法官人数越多，法律适用统一的难度会越大，法官素质可能会趋于降低，职业尊荣感会趋向减弱，职业保障待遇会较难提升，进而对于优秀法律人才的吸引力，会随之减小。这种连锁反应式的背反效应，应当讲与改革的初衷和目标不符，亟待引起重视。

一、如何化解案多人少的矛盾

单从增加办案力量角度考虑，在确保建设高素质法官队伍的前提下，配足、配强法官助理，应当是现实可行的方案。即让法官专司裁判职责，让法官助理分担绝大部分审判事务性工作。事实上，现在法官与法官助理的配置比例，大多没有达到1∶1以上的一般要求。所以，从专业化视角审视，真正应当增配的力量是法官助理，且目前尚有较大的努力空间。

诚然，眼下增配法官助理受制于政法编制。倘若探索破解之道，可否实行编制内与合同制管理的二元法官助理制度。即直接从高校或社会上聘用部分法科毕业生，从事两到三年的法官助理工作。聘用合同期满，这些在法院取得宝贵执业经历的法律新人，可以更加理性的自主择业。在此，域外已有相关经验，可引为借鉴。

二、法官助理的职业发展空间如何解决

在编法官助理增多以后，其职业发展空间应当得到合适安排。不妨设想，进入公务员序列的法官助理可以存在四种职业发展选项：一是经过择优遴选，适时递补进入员额法官队伍。二是经历三次左右的遴选之后，可以自愿选择做职业的法官助理。本岗位已设高级职称，唯有专心本职者，才是拾级而上的合适人选。三是根据法院的岗位职责需要，部分法官助理可以转岗从事审判辅助性工作。如立案、信访、执行等需要法律专业知识，但又区别于法官主要从事裁判职责的岗位。四是对于其中显露行政管理潜质的法官助理，也可以调整到案件管理、人事政工等司法行政工作岗位。这样多向流转，既可保障法官助理具有足够的职业发展空间，破解千军万马过独木桥的困境；又可保证法院干部队伍同源同质、

整体素质优良。那种法官之外可以适当降低法院准入门槛的见解，从整体协调性上检视，乃是不利于司法裁判所需要的严谨工作氛围的。

从实际操作层面来看，法官员额退出机制亟待配套运行。通过实行法官底线办案质效等综合考核办法，切实让部分不再胜任法官职责的同志，及时调整到合适的工作岗位。这既是实施法院人力资源优化配置的管理之需，也是一并纾解法院案多人少矛盾和法官助理入额通道狭窄的改革良策。

三、关于法官逐级遴选问题

首先应当肯定当初确立这项制度具有相当的合理性。即让所有新入额的法官均取得履职必须的基层工作经历，且以优中选优的标准逐级遴选上级法院的法官。从实际运行情况看，以下几个影响因素值得充分关注：

从入额法官视角考量，已经在中级以上法院入职的法官助理，大多经历六到七年的实践锻炼，相对形成较为稳定、便利的工作生活环境。一旦入额下沉，尤其是长时间、跨区域调动工作，通常会给其工作关系及家庭生活带来诸多不便。如果重视不够，则可能成为部分同志的思想包袱及工作拖累，不利于其全身心的投入审判事业。

从法院工作角度看，入额下派与向上遴选会成为人民法院的一项常规性工作。每年将一定规模的入额法官派往基层法院不成问题，但向上遴选则从以下两个方面显现出难度：

一方面，遴选必然择优，但80%以上的案件由基层法院管辖与审判，如果每次都将一定数量的最优秀的法官抽走，则可能让基层法院产生被掏空骨干的感受，不利于加强基层、基础审判力量。另一方面，上级法院遴选必然设置一定的任职年资条件，逐级遴选势必造成层级越高，法官年龄越大，以致上级法院的法官队伍年龄结构普遍偏大，既不利于形成老、中、青相结合的梯次结构，也未必能产生最佳的审判效能。因为，对于高水平的资深法官而言，审理疑难复杂案件是强项；而对于中级以上法院仍然受理的相当数量的需要“跑量”的简单案件来说，由年轻法官为主力的快审团队审理无疑具有力量优势。所以，人案适配是法院人力资源优化配置中的黄金法则，不可片刻忽略。

从长期效果评估，不同院校毕业、不同学历等次的法科学生，对于就业城市、任职法院层级乃至具体单位的工作环境氛围等都是具有个人职业规划与志向的，如果普遍实行面向基层的无确定期限的执业发展路径，在法院招录人才的初始环节，就可能形成一定的不利因素。

其次，普遍实行逐级遴选制的实施成本是巨大的，然而，在一个具有一定规模的集体环境中，随着时间的推移，置身其中的人们大多会逐渐分化为相对的好中差三类。于是，优才集中的优势能否胜过人员分化的趋势，也是制定与实施制度效益上值得斟酌的事项。

简言之，英美法国家实行的法官逐级遴选制并不完全适合我国国情。我国法院法官的绝对人数相对较多，应当探索符合我国实际的法官培养、选拔机制。

入额法官下派基层法院锻炼两到三年取得基层工作经验是非常可取的。锻炼期满，经考核合格回归派出法院任职，应当讲既坚持了上述制度的核心要义，亦兼顾到各地法院的实际需要，可谓更有利于各方面工作。值得一提的是，对于特别优秀的法官实行逐级遴选制是适宜的，这是培养法院管理与领军人才的有效路径之一，应与量大面广的普遍遴选制区别开来。

法官职业素养的培养

法官应当具备怎样的职业素养，其主要的培养路径与方法是什么？我们应当对此问题形成清晰、完整的共识。因为，法官的职业素养水准，不仅关乎法律实施的效果，而且关系国家司法制度的权威性和公信力；对于建设社会主义法治国家的进程和水平也具有重要影响。

从社会现象看，尽管一般社会舆论对于司法的公信力尚存更高的期待，但是人们对于宋鱼水、陈燕萍、詹红荔等先进模范法官所作的司法裁判却具有高度一致的认同感；仿佛对于法官人格、人品的认可，已经超越对案件是非曲直的价值评判。如宋鱼水同志“辨法析理、胜败皆服”的感人事迹，以及詹红荔同志九年办案“无一重审、无一错案、无一投诉、无一上访”的炫亮业绩等，都用真切的事例说明：法官个人的职业素养，在很大程度上成为影响司法裁判效果的重要因素。

那么，如何有针对性地加强法官职业素养的培养？笔者认为有必要重点关注以下三方面的内容。

一、精神品格的培养

谈及人的素质或素养，精神品格无疑是首当其冲的。在法官的精神世界里，与职业特性密不可分的要素自然是：追求、捍卫社会公平、正义的坚强意志，崇尚法律的价值取向和思维习惯，以及建设社会主义法治国家的坚定信仰和历史使命感。倘若缺此，则意味着法官缺少必不可少的精神支撑和精神脊梁，相应地也失去法官的立身之本。

从实际情况看，近些年我们对于法官职业素养的培养，主要功效还是见诸法律专业知识层面。相对而言，在促进法官的职业操守、法律信仰等精神品格的养成方面，一直显得办法不多，成效不够明显。其中缘由之一，不能不说我们迄今还在思想认识上存在某些模糊空间。毫无疑问的是，大力倡导司法为民是正确的。与此同时，我们还应结合审判工作的规律性和实际情况提出有针对性的落实方案。好比开车倡导安全驾驶，如果缺少科学合理的具体驾驶规程和技术要领的支持与应用，这种一般性倡导的实际功效就势必会大打折扣。2010 年温家宝总理在人大记者会上提道：公平正义比太阳更有光辉，可谓一语激起千层浪，被舆论媒体广泛誉为最为温暖人心的话语。追求公平正义，是政治文明的发展方向，是社会主义本质的必然要求，是构建和谐社会的重要基石，也是我们党立党为公、执政为民的切实体现，人民法院在其中肩负着举足轻重的责任。因此，培养法官精神品格的重心，应当契合现实社会的急切需要，反映审判工作的规律和特点。

事实上，今天法官队伍中出现的工作责任心不强，把审判案件当作一般的谋生手段，满足或止步于完成工作指标或任务的消极情绪；面对形形色色的关系案、人情案，时有放弃中立、公正裁判立场的违纪表现；以及少数法官身上发生的权钱交易的司法腐败案件，这些轻重不同、类型有别的病灶反应，虽有制度、机制上的多种诱发原因，但是，法官自身的精神懈怠与道德叛离无疑是起主导作用的内在因素。诚如我国台湾地区著名法学家史尚宽先生所言：如果法官受外界之利诱，物欲之蒙蔽，舞文弄墨，徇私枉法，反而以其法学知识为其作奸犯科之工具，则有如为虎添翼，助纣为虐，因而法学修养虽为切要，品格修养尤为重要。一言以蔽之，法律和法学知识无论如何不能沦为任何个人玩弄于股掌的把戏甚至牟取私利的工具，法官的精神品格修养应当成为法官职业素养的第一要素。

从培养路径和方法角度说，法官精神品格的塑造与养成，一方面有赖于法官的自我修养与文化自觉；另一方面也离不开外在的充足养分与适宜环境。在人的可塑性意义上讲，人是环境的产物。因此，我们在近些年不断强化不廉行为惩戒、隔离文化的基础上，有必要在具体的制度安排中切实加强鼓励法官正直、廉洁办案的激励策略和导向措施，真正形成引导法官自觉成为社会公平正义的坚定捍卫者与社会主义法治国家的忠诚建设者的良好氛围。

二、专业养分的补充

在日常审判实践中，面对纷繁复杂的案件事实与相对稳定、简约的法律条文，常见有法官会抱怨法律条文的僵化或者束缚了手脚，感叹按照一般老百姓的观点和立场等也可以径行作出合理的裁判。应当讲，这种看法有其合理的生长因子，那就是重视观察、体悟司法裁判与民众价值观念、思维习惯的符合性，相应地，亦有利于争取大众舆论或司法裁判的社会效果。但是，其副作用也比较显见，即有意无意地把法律的规范作用与民众的价值观念及社会效果对立起来，或多或少表现出排斥、否定法律作用的负面情绪。倘若长此以往，不仅可能滋长具体的司法困扰，即司法裁判的标准究竟是法律规范还是社会大众的观点和立场？而且在不经意间还有可能动摇人们的法律信仰，陷入法律虚无主义的泥潭。换言之，法官不仅是司法裁判者，更应是法律权威和法治理念的坚定捍卫者。如果在法官动辄质疑、否定法律的氛围里，祈望民众普遍地敬畏、尊崇法律，这种情景当然是难以想象的。分析产生问题的缘由，笔者感到，司法实践中法官长期缺乏有共识的法律方法的系统训练，致使解释法律不尽充分或许是其中的重要成因之一。

对于一个成熟的专业、学科来讲，其基础理论通常包含三个部分：即价值、原理与方法论。价值说明本专业的作用和功效；原理描述专业活动的基本规律；方法展示利用所掌握的规律性发挥特定作用的路径和办法。毋庸讳言，对于法律专业而言，我们一直缺少法律方法论的专门总结、提炼与严格训练，以至于司法实践中关于如何发现法律事实、解释法律条文、正确适用法律等，主要是依凭法官个体的感悟与经验；由此产生的办案方法的多样性、零散性与个体差异性也就在所难免，继而带来的法律适用不够统一、不尽协调的问题乃具有一定的普遍性和必然性。鉴于此，在司法实践中加强法律方法的系统总结与规范提炼，在法官的职业素养中及时补充法律方法论的专业养分，理应成为我们提高案件审判质量、提升法官业务水平的重要工作抓手。因为主要专业内容的缺失，必然意味着专业品质的下降。

具体解析法官怀疑、抱怨法律的现象，笔者的切身体会是：在理解与适用法律中，我们不能把法律条文的字面含义当作法律规范的全部内容。通常说来，法条的字面含义只是我们认识了解法律的必经通道，抑或是一扇窗口而已。单一法条或法律规范的完整内容，必须置于整体的制度环境进行综合解读，以实现理解、适用法律的系统协调性和价值目的性。举例来说，2011年5月1日开始实施的《刑法修正案（八）》对于盗窃罪作了大幅修改，在规定盗窃数额较大和多次盗窃的基础上，又增设了入户盗窃、携带凶器盗窃和扒窃三种盗窃罪行。于是，审判实务中对于盗窃罪的解读就产生两种见解：一种观点认为，对比以往的盗窃犯罪，新增设的三种盗窃行为明显是既不需要犯罪数额，也不需要犯罪次数，只要实施相应的危害行为，就可以认定为盗窃犯罪。另一种观点认为，且莫说法官，就连一般老百姓也知道并非所有的小偷小摸行为都构成犯罪；我们还是应当按照以往对于入户盗窃和扒窃的治罪标准，掌握相关犯罪的政策法律界限。从法律解释论视角来看，同属侵财类犯罪的抢夺罪、诈骗罪等，仍然是以数额较大为成罪标准的；即使性质更为严重一些的抢劫罪，也要受到《刑法》总则第13条“但书”的原则性约束，并非一经实施抢劫行为，即可一律成罪。为了保持同类犯罪在定罪处罚上的协调一致性，很显然不应当对于盗窃罪的认定作出显著例外的解读。应当讲，上述第一种观点主要着眼于法条本身及其字面含义，相对忽略了关联法条间的系统平衡性，对于法律精神实质的把握是有所欠缺的。与此相反，第二种观点基于法条文义的局限性，主张将生效的法律规定断然搁置一边，这种做法显然不符合罪刑法定原则所秉持的法治立场，因而也不足取。由此可见，单纯拘泥于法条字面含义理解、适用法律，其结果要么是背离法律的精神实质，要么是偏离法治的基本立场。正是在此意义上，我们说娴熟掌握、运用各种法律解释方法，是法官日常审判工作中的必修功课，也是法官职业素养中不可或缺的基本技能。

三、重拾经验的价值

就一般社会观感而言，法学教授评判案件的水准通常获得较高的公众认同和社会声誉。其实，我们则应当正视法官判案具有更为严格的规范要求。因为，教授可以根据学术兴趣选择评判的案件或问题，法官无论案件类别、难易程度都得做到有案必断，不得拒绝裁判；教授可以慢慢推敲案情、反复梳理思绪，法官必须在法庭上或者审限内就拟定判词、作出决断；教授的判断可以标新立异、独树一帜为价值取向，法官的裁判必须熔情、理、法于一炉，以符合社会公义、赢得公众认同为目标理想。质言之，这里之所以把法学教授拿来作为参照，其目的在于说明司法裁判以即时判断为特征，法官判案时面临着专业能力和个人素养的严峻挑战。由此引申出一个问题：既然法官断案的要求如此之高，如何保证法官作出的即时判断是正确无误的？

诚如美国著名大法官霍姆斯所言："法律的生命不在于逻辑而在于经验。"无论是在英美法系还是大陆法系国家，人们大多认同法官职业以具有丰富的司法实践经验（包含直接和间接经验）为特质。换句话说，对于缺少生活阅历和办案历练的年轻法官，要求其精到拿捏复杂社会生活中的是非曲直，并以平实的语言达到说服人心的效果，这种期待常常是脱离实际的想法，甚至是一种事与愿违的苛求。反观我们的现实情况，不少法院的普遍现状是，一线办案的法官大多比较年轻，有经验的资深法官往往退居幕后。这种状况当然有其历史和现实的诸多原因，但我们在思想观念上有必要适度澄清或纠正的是：在前些年强调法官专业化、精英化的过程中，似乎对于法官的司法实践经验有所忽略，甚至把既往的经验不分青红皂白地当作了老套、落伍的事证。对此，我们是应当有所反思的。就事理而言，精深的法律专业知识必须经由司法实践来检验。常言道：细节决定成败，这里还应当补充的是，经验决定细节。因为，没有成百上千次的成败经验，哪有手感之下精美绝伦的工艺细节。俗话说：艺高人胆大，表述的也是经验的玄妙与深奥。就制度、机制而言，不仅我们的法官遴选制度有必要加大司法实践经验的权重，而且现实紧迫的是，我们必须思考、解决当下的问题：如何使众多年轻法官的审判经验尽快地充实起来？如何使资深法官的审判智慧得到最大限度的有效运用?

循着这样的思路，我们不妨考虑以下办法可以作为破解上述困境的路径：其一，对于法院新进人员，试行进门拜师，出师考核制度，使新进人员从入院伊始就被纳入法院的经验传承模式，得到资深法官的言传身教，从速间接获得经验。其二，建立在职法官的例行业务切磋交流制度，使每个法官的个别审判经验在交流切磋中被加工提炼、汇聚整合，最终变成所有法官的共同经验和智慧。其三，明确资深法官（尤其是院、庭长）参加合议庭审理案件的类型和比重，使资深法官及其审判经验直接介入重大、疑难和敏感案件的审理与把关，同时发挥示范和引领的作用。其四，积极呼吁适度延长资深法官的退休年龄，目前可以推行返聘部分经验丰富、精力充沛的法官回院工作的办法，以缓解法院人手普遍紧缺、资深法官比重明显不足的燃眉之急；同时促使优质的审判资源切实得到合理的安排与使用。

在案件管理层面，我们有必要树立“一审打造精品案件，二审着力修复个别瑕疵”的案件质量管理理念。正如日常生活中的名优产品都是力戒出厂瑕疵，辅以售后维修保障才得以形成产品信誉和最大经济效益一样，要提高审判质量及司法公信力，也必须从保证案件审理的初始质量着手。假如一审仅作粗糙加工，寄望二审打造精品，就如同希冀售后维修服务能够提升产品品质一样，二者同样难以想象。因为，在一审裁判显现粗疏、瑕疵的背景下，从证据角度讲，二审要收集、固定证据所耗费的时间往往更长，难度更大，而其接近案件客观真实的可能性却相对变小；从化解矛盾的心理因素看，一审胜诉方实现可得利益与败诉者夺回应得利益的心理大多会同步加强，彼此在二审中的对抗心理也会相应加剧；从诉讼成本及效益看，即使二审裁判完全实现公正价值，无论是诉讼当事人的人力、物力还是国家的司法资源投入均会成倍支出，其总体效益较之一审公正裁判无疑会大打折扣。一句话，一审案件的审判质量直接关系到司法公正性的实现水平。

然而，我国大多数基层法院承担了 80% 以上的一审案件，与中高级法院相比，基层法院的人员编制较少，审判人员的职级、职称较低，招录、选拔条件一般较宽，由此形成巨大的案件数量、艰巨的审判任务与人力资源普遍紧张的突出矛盾。很显见，倘若一审裁判瑕疵较多，则势必会给司法裁判的整体公信力带来明显影响甚至负面评价。况且，常识、经验反复告诉我们，一审裁判基础上的二审救济往往是有限弥补。除非案件事实发生重大变化，二审改判调整的幅度一大，往往就难以避免法官恣意行使自由裁量权的怀疑和指责。因此，我们既要强调把矛盾纠纷尽量化解在基层，也要重视加强基层法院的人力资源配置，使其所承担的审判职责与其审判能力和工作条件等尽量相匹配、相适应。确切地说，基层法官的职业素养水平，关系、影响人民法院审判质量和司法公信力的整体判断，应当作为法官职业素养培养的工作重点。

裁判要素管理与审判能力提升

在我国社会主义法律体系建成以后，人民法院在保证法律统一适用方面具有更为突出的重大责任。从广义上讲，司法裁判的过程也是法律适用的过程。因此，深入司法裁判的基本构成要素，分析查找影响法律适用统一的主要原因，相应提出解决对策，应当作为加强审判管理、推进法律适用统一的重要着力点。

一般来说，司法裁判通常包含四个基本构成要素：即裁判规范、司法经验、法律方法和裁判说理。下面着重从认识与管理两个层面，逐一作些讨论。

一、司法裁判首先是一种规范判断，人民法院有必要强化规范裁判意识与裁判规范建设

首先，裁判规范是实现公正与效率价值的重要载体。从社会现象看，司法裁判所遵循的实体与程序规范越明晰，社会大众对裁判结论的预期就会越确定；与此相适应，司法裁判的社会认同感就会相应增强，引发裁判争议的可能性就会

相对较小，法官作出裁判结论的速度也会相对较快。换句话说，裁判规范的有无及清晰程度与司法价值的实现密切相关。换一角度观察，司法实践经验反复证明，司法裁判的公正性往往经由司法裁判的一致性来体现；司法裁判的一致性主要依靠裁判规范的明确性来实现。譬如，对于一个盗窃犯，究竟是判处六个月还是一年有期徒刑才是公正的，其实并无绝对的法则。公正裁判的标准实际在于明细合理的量刑规范：即对于相同情节的盗窃犯，所判处的刑罚大体一致；对于情节不同的盗窃犯，所判处的刑罚轻重有别。以上两个方面分别显示：司法裁判的公正、效率价值先以静态的裁判规范为载体，再由动态的裁判活动来实现。裁判规范承载法律价值，法律价值内支裁判规范。二者相辅相成、彼此不可或缺。因此，适时构建并严格遵循裁判规范，不仅在司法观念上而且在裁判实践中均应一以贯之，重在具体落实。

其次，裁判规范是提升司法公信力的重要抓手。就法院内部情况而言，目前裁判主体的现状是：法官的绝对人数相对较多、社会阅历差异较大、职业素养参差不齐，经常显现的问题是对于相同议题，难免各执己见，甚至对于相同类型的案件作出迥然有别的判决。简言之，多元裁判主体导致的裁判失衡问题，已经成为制约裁判公信力的因素之一。要想实现相同或近似案件在裁判上的大体一致性，明晰裁判规范、统一执法标准显然是当下可操作的主要的路径之一。另外，就外部司法环境而言，我国社会生活中的人情色彩较浓，现实存在的各种人情关系对于司法裁判的不当影响不可小觑。不难发现，人情扭曲公义的发酵场所可谓多见于法规缺失或者相对模糊的地带，真正恣意枉法裁判者毕竟数量极少。因此，要抵御司法裁判中的外部干扰，也需要明确的裁判规范作为有力的技术支持。再者，对于社会公众来说，评判司法裁判是否公正，第一尺度无疑是是否符合具有相对稳定性的法律规范。其他易随时空条件变化而多生流变的标准，实质上很难真正支撑司法公正的美誉。在一般情况下，一个严格依法办案的法官及其所作裁判，其社会公信力应当是不言而喻的。事实上，往往是在规范不尽明确之时，一个可能并非复杂的案件也会被演绎出不同文化背景下的多种裁判逻辑和结论，法官的自由裁量权相应遭遇不同利益诉求者的严重质疑或反对。所以，无论是从法院内部管理还是外部监督角度看，明晰的裁判规范都是不可或缺的验证标尺与护身法器。

最后，裁判规范还是维护社会稳定、促进经济发展的助推器。在当今社会发生剧烈变革、经济高速发展的特殊历史时期，民众的利益诉求多样、利益冲突骤增、社会矛盾凸显，以致诉诸法院裁决的案件亦呈陡增繁复态势。已经形成共识的是，法官所作出的裁判不仅可以发挥定分止争的司法裁决功能，而且可以对于同类社会行为发挥引导、规范作用。事实上，诸如涉及知识产权、证券期货、电子商务等新兴市场行为正是在司法聚讼过程中逐步确立起日臻完备的行为规则。不难想象，倘若人民法院对于相同或近似行为作出价值取向与利益衡量截然不同的司法裁判，社会公众则很可能因此产生无所适从甚至坠陷茫然之感，社会行为及秩序相应地失于及时、有效地引导与规制。基于此，及时总结、提炼裁判规范，也是维护市场经济秩序和社会稳定的重要保障。

从审判实务情况看，在裁判规范方面常见多发的问题主要有两个：一是不少新类型案件尚缺乏明确、有针对性的裁判依据。确切地说，调整相关法律关系的原则性法律规定并非阙如，但如何将概括、简约的法条文字适用于形式不断翻新之个案的解释性规范时现欠缺。不少法官，尤其是基层办案法官迫切感到需要有明确具体、可操作性强的法律适用解释作为裁判依据。二是有些法官在裁判案件时不知道、不理解相关裁判规范的情形还是时有所见。例如，有的新法官不知道过去曾经专门研讨、已经形成的法律适用规范性意见；有的老法官因疏于查找而不知晓已有新的法律规定或者解释性文件；更为普遍一些的问题是不少同志仅对法条含义作字面理解，不擅长思考、把握法条的精神实质、与相关法条的协调关系，以及游离法条核心含义的文意边际所在。这些现象显示，及时编纂法律法规及其有效解释性文件，为身陷繁忙审判事务之中的法官提供一本内容系统齐全、携带查找方便、外观视觉精美的权威性裁判规范总成，也是保证法律适用统一性的一项基础性工作。

着眼于解决上述问题，笔者认为在加强最高人民法院司法解释工作的同时，有必要进一步强化高级法院的审判业务指导职能，明确赋予高院制定地方性审判规范性意见的权责。因为各省区市的地域政治、经济、文化传统差异较大，案件类型及实务争议问题经常显现不同的特点。在法律原则指导下加强区域内裁判规范及执法的统一性，应当讲既可以增强裁判规范的针对性，也可以有效缓解统一由最高人民法院制定各种解释性规范的相对滞后性。当然，强调制定地方性审判规范性意见的必要性与审慎性具有同等重要性。因为，好的规范性意见可以提升整体的裁判水平，不好的规范性意见则极易酿成普遍的裁判错误。在具体的操作办法上，强调各高院在制定地方性审判规范性意见时与最高人民法院相关业务庭室的事前沟通、事中指导及事后报备等严格的程序规范，也是至为重要的。

二、司法裁判是一种即时判断，人民法院应当把审判经验的积累、总结与传承作为日常审判工作的重要内容

如果说裁判是理性思考的成果，审判经验就更趋近感性认知的心得。裁判规范的内容既可着眼于一般原则而构建，也可针对具体问题规则；审判经验通常立足于审判过程的细微之处，侧重于解决问题的思路和方法，功效在于提升审判质量或改善工作效果。从实际情况看，审判经验大致具有以下特点。

1. 鲜明的实践性。审判经验发端于审判过程，针对实际发生的具体问题，成形于闯关夺隘后的心得体会，与抽象的价值原理或思维演绎形成明显区别或鲜明对照。例如，针对疑难复杂案件，如何有条不紊地展开庭审？对于被告人在法庭上的各种谎言或狡辩，如何点穴化瘀、即时撩开面纱、揭示真相？制作繁简程序不同的各类裁判文书，如何做到拿捏有度、逻辑缜密、出法入理，且情、理、法一体交融？诸如此类的实操问题，审判实践中时有所见、无可回避。只有寻师问道、悉心积累审判经验，才能企望适时化解与妥善处置。

2. 相当的技巧性。审判经验经常源于实操过程中的机敏应对或顷刻灵感，从而具有较强的技巧性和针对性。技巧性，意味着一定程度的敏锐与模糊性，较难用规范的语言文字准

确无误地记录；有的场景甚至表现为只能意会、不能言传的态样。针对性，意味着点小位正、对症下药，往往呈现手到病除、立竿见影的功效。正是由于审判经验所具有的特殊禀赋，我们很难从教科书上一睹尊容、一看究竟；即令偶有猎取，亦时常感叹纸上得来终觉浅，绝知此事要躬行。

3. 个体的差异性。法官遵循相同的实体与程序法审判同类案件，获取的办案心得常常不尽相同抑或存在较大差异。这是人案双重差异性的正常表现；但审判效果又是趋同的，即案结事了、定分止争，此乃殊途同归的奥妙所在。所以，对待审判经验，既不能厚此薄彼、随意取舍，也不能择一而从、奉为圭臬；而是应当贴身学习，博采众长、融会贯通、化为内功。

4. 功效的补充性。相对于裁判规则来说，规则往往是定原则、管方向，至少是针对一类问题确立规范。审判经验大多是着眼于局部与细节，但强化规制的整体效果。因此，二者是相辅相成的关系，审判经验应当在裁判规则的范围内发挥作用，决不能以强化审判效果之名，行突破、对抗规则之实。当然，二者可以相互转化。裁判规则是在共同经验的基础上建立的，运用裁判规则又可产生新的审判经验。将二者适度区隔开来，只是为了更好地发挥各自的独特功效。

基于审判经验的上述特点与价值，积累和传承审判经验就显得尤为重要。积累的有效方法或路径，在于适时总结、提炼。只有及时总结、提炼，才能强化印象和感受，避免信息流失或感觉时过境迁。也只有经常进行总结、提炼，才能指望不断深化对于事物本质或特性的认知，实现对于事物规律性的把握，进而将一般经验转化为工作能力。因此，总结、提炼的主要内容有：一是透过繁复现象发现、把握不同事物的本质或规律性；二是工作方法上需要进一步扬长避短、拿捏分寸的环节或细部，以期通过不断精进，达成臻于完善的理想效果。

由于审判经验的实践特性，传承必须注重实训实战。模拟法庭、现场观摩，耳提面命、相互评鉴等，均应成为培养年轻后备的常规手段或例行工作安排。在当下普遍面临案多人少的困境时，尤其应当注重对于法官助理的经验传授，非经两到三年的系统培训，不可直接协助法官办理案件。那种未经严格培训即派往法庭直接面对当事人处理问题的做法，既有可能影响办案质量或效果，更有拔苗助长之虞；因为一旦形成不良办案习惯，就会付出更大代价。

为了实现更好的传承，在条件许可的情况下继续沿用师徒传承制是可取的。建立师徒关系，不仅有利于传授技巧，更可以强化工作责任心。一日为师，就当以身示范、言传身教；一日为徒，理当不耻下问、竭力分担。况且在信息社会的背景下，知识迭代更新速度加快，师徒间往往可以形成优势互补。这些都是人民法院队伍建设中不可忽略的因素。

至于师徒比例关系，应当强调一切从实际出发。一般说来，院、庭长，审判业务专家或资深法官等的知识经验相对丰富厚重一些，理当承担更多的审判经验的传承责任，可以往“一带多”的方向配置法官助理。其他法官也应尽量实现一比一的配置目标。在法官助理人数不足的情况下，不妨实行重点岗位或重点人员的优先配置，然后逐步跟进到位。尤其是在法官助理具备入额资格之前，务必落实师徒关系；并且遵循“严师出高徒”“慈不掌兵”的古训；或曰现在之“严管厚爱”的共识，使学习裁判规则与传承审判经验同步推进，真正培养德才兼备、堪当大用的高素质审判人才。

三、司法裁判是经由法律方法达成法律价值目标的，人民法院应当高度重视法律方法的常规提炼、总结与强化训练

相对于其他裁判要素来说，我们对法律方法的重视程度亟待加强。从社会视角看，任何成熟的学科、专业，其基础理论通常包含价值、原理与方法论三个组成部分。诚如我们引以为傲的中华医学，其不仅有阴阳五行的基础理论，更有望、闻、问、切之四诊合参的基本方法。离开了中草药、针

灸、推拿、按摩、拔罐等具体的治疗方法，中医理论希冀达成的人体阴阳调和的康复原理就必成空谈。法律、法学专业也是如此。从法理层面看，司法理念是司法行为的灵魂，指示司法裁判的价值目标和行动方向；法律方法是达成司法裁判目的、实现定分止争职能的具体路径和有效方法。从司法实践情况看，不少瑕疵、错误裁判或者法律适用不统一的案件，其源头往往可以找到法律方法缺失的踪迹。比较典型的实例如民商事审判中的待决案件缺乏明确的裁判依据，但法官必须遵循不得拒绝裁判的司法原则行事，此种情形下如何依据法律的整体秩序和基本价值原则进行裁判，迄今可谓仍然缺少达成普遍共识的裁判方法。此类案件因具体裁判方法不一而产生不同的裁判结果的现象也就在所难免。

再以刑事案件的法律事实为例，任何犯罪首先表现为一定的行为过程，必然存在起因、发生、发展与结果等行为阶段。如果忽略案件起因或行为人的事后表现等看似次要的情节，法律事实的裁剪就必然不够完整。其次，案件过程大多存在诸多细节，我们有必要发现的是与法律构成要件紧密关联的法律事实。如果忽视构成要件的指引，我们发现、表述的案件事实就难免显得庞杂或者丢失要点。再次，法律事实是需要相互印证的证据才得以固定的，如果我们忽略与构成要件事实紧密关联的证据的收集与固定，就很容易在诉讼过程中遭遇单一证据难以抗辩诉讼攻防的窘境。最后，不同类型案件的证据重点以及不同证据的证明力大小往往有所不同，如果我们忽略案件的类型特点或者证据的证明能力，则很可能因为注意力投向不准而不得要领、事倍功半。由此可见，法律事实的发现有自己的逻辑轨迹和行动要领，疏忽其中的任何一环，就很可能影响法律事实的完整、正确认定。在法律方法论的其他部分，如法律推理、法律解释、法律论证、漏洞补充和法律续造等环节，其中蕴含的逻辑步骤和技术要领也是独特、缜密的，我们都有必要结合我国的法律理论和司法实践及时加以提炼、总结，在此就不再一一赘述。

应予指出的是，在我国的司法实践中并非没有法律方法，否则不能说明绝大多数案件裁判的正确性。同时应予正视的是，我们的法律方法散在于众多个案之中，呈现比较模糊的概念，相对缺少及时的类型化的提炼与总结，更缺乏形成共识的各部门法特有的基本法律方法。为了统一法律适用，我们有必要组织专门人力，选择典型案例，分专业提炼、总结最基本的、解决带普遍性司法实践问题的法律方法；在此基础上，不断加以丰富、完善，以期逐步形成具有我国司法实践特点的、相对系统的法律方法论体系。

四、司法裁判是一项注重说理的职业，人民法院应当把培养法官的裁判说理能力纳入日常工作议程

司法裁判与战争征服等其他纠纷解决方式的显著不同之处，在于其系以说理的方式化解社会纷争。倘若司法裁判缺乏说理或者说理不透，效果必然是因为缺少司法特质而有损司法权威。前述“规范”“经验”与“方法”的极端重要性，其归结点在于注重说理、以理服人。因此，对于法官来讲，“有诉请就必有应答”，“以理服人”应当作为职业准则来遵循，作为职责义务来履行。与此相适应，法官的裁判说理能力理当作为必备的职业素养来加以要求、重视养成。

常识告诉我们，人的口头、书面表达能力主要取决于后天的培养和训练。正如公关礼仪人员有自己的培训模式一样，法官的口头、书面表达能力也理当设定专门的培训方案。毋庸讳言，训练有素者与自发养成者通常表现出两种不同的行为境界和实际效果。因此，在法院现有的庭审驾驭能力、裁判文书制作能力和法律适用能力培训的基础上，我们还可以适度增加书面表达能力的培训分量，突出口头表达能力的专项培训，逐步形成分类细密、贴近审判的口头、书面表达能力培训示范样本，使法官在专门培训中模仿样本、体会要领，真正养成既会法律术语又善群众语言的法律职业本

领和技能。

古希腊哲学家亚里士多德曾经说："优秀是一种习惯。"此处加以借鉴、引申：即无论是裁判规范建设、审判经验积累、法律方法提炼，还是裁判说理能力的提升，均离不开日常的坚持和养成；并且没有细节的关注，就不会有精湛的技术，更谈不上优质的产品及其良好的社会声誉。审判管理也当顺势而为！

读书与法官的修为

回顾自己的法官生涯，可谓一直与读书相伴。无论是专业知识的积累，还是法治观念的提升，乃至人生态度的升华，当然都得益于外界多方面的帮助，可是感受最为清晰的，还是读书的恩泽。

一、专业书香，助力裁判

日常阅读以专业书籍居多。与大学时代主要凭兴趣涉猎不同，工作后更多的是带着亟待解决的问题多方查阅、反复求解，真切体会到书到用时方知少的羞惭感觉。

有些问题的答案看似现存和明了，如查找相关法律或司法解释的具体规定；可日久天长之后仿佛一朝顿悟：再精细的法律条文，相较于法律的精神内涵或案件的多样复杂性，其内容难免会表现出不尽周延、完善之处。如何将简约、滞后甚至略有瑕疵的法条阐发得完整、准确、协调，既是法官面临的日常功课，也是检验法官办案水平和能力的重要标尺。换句话说，对于现行有效的法条，决不能不假思索、拿来就用。必须经由检视、阐发、确信精准解读之后，才可以引为依据。法官从事的是以理服人的职业，要想说服他人，首先必须说服自己，这是正确履职的基本道理。

在大多数的时候，针对一个问题可能存在多种见解抑或是完全相左的观点。只有经过悉心地比较、鉴别，才能逐渐形成自己的倾向和定见。其间，准确解读别人的观点，珍视不同见解各自蕴含的合理内核，养成比较鉴别、兼收并蓄的思维习惯，保持对于思想文化多样性的开阔心胸和开放态度，这些都是法官在读书过程中当有的修为。相反地，如果落入文人窠臼，习于攻其一点不及其余，或者借助贬损他人企图抬高自身，这些就是读书中的大忌。除了暴露偏执与狭隘，可谓别无补益。对于年轻法官来说，司法经验是裁判底气的重要来源。倘若获取直接经验需要假以时日，经由广泛阅读积累足够的间接经验，则是有效弥补现实短板的不二法门。

初始读书，大多以解决实际问题为目的。擅长阅读者，则可读其思路，得其方法，品其韵味，陶冶性情。著述有优劣之分，读书有境界不同。法官应当选定几本属于自己的专业工具书、枕边书。好的著作是不可能只读一遍的。我学刑法专业，马克昌教授主编的《犯罪通论》在学生时代就通读过四、五遍，现在仍然置于案头，时常温故知新。真是好书如挚友，惠我无所求。依个人体会，专业阅读大概可分三个进阶或曰境界：一是建立专业知识体系的基本框架。如闭目能够清晰讲述本学科知识体系的篇章结构及其架构原理，各篇章所包含的主要知识点及其基本内容。二是不断填充、夯实专业知识基础。好比在已经结成的知识网络中，不断充实每一网结的具体内容，使知识之网日渐缜密、日趋厚重。例如，厘清每一知识点的发展源流，现行分歧，主流见解及发展趋向等，达成对于相关知识系统了如指掌、如数家珍的娴熟程度。三是准确理解、把握整个知识系统的运动变化规律，达到对各部分知识均能信手拈来、学以致用的水平。从经验层面说，专业知识水平的差异或高低，在很大程度上取决于能否把握事物的内在规律性（或曰质的规定性），从而实现灵活运用相关知识的系统协调性。就方法论而言，规律往往隐藏在众多事物的背后，绝不可能一蹴而就、幸运偶得。唯有积厚薄发，才是读书治学之道。

知识还是不断更新、发展的，法官应当成为专业新知识的生产者和传播者。在飞速变化发展的当今社会，各种新类型纠纷及案件层出不穷。新情况、新问题对于既往理论提出的新挑战，必然不断催生新知识、新视野。因此，法官不仅应当虚心研读万卷书，而且有必要勤于提炼新探索、敢于著书立说。这既是自我总结、提升的一种方法，也是全力推进法治的一种尽责。

二、熟谙法理，铸就法魂

法官不仅需要有过硬的专业知识，而且应当树立起崇尚法治的坚定信仰。回首自己走过的心路历程，一段段短小精悍的法律名言，恰如一根根悄然矗立的擎天巨柱，稳稳支撑起心中的法治圣殿。

初学法理，习得东汉许慎所著《说文解字》如此解说："灋，刑也，平之如水，从水；廌，所以触不直者去之，从去。"从此明白"法"字从造型开始，就以公平如水为本，以惩恶扬善为基。虽经千古演变，但其表明平之若水的水傍，自始延续至今。其后，在阅读法国启蒙思想家卢梭的《社会契约论》时，又进一步认识到"真正的法律，不是刻在石碑上，也不是铸在铜表上，而是印在人们的内心里"。德国历史法学家萨维尼在《现代罗马法的体系》中所说的一段话，至今记忆犹新："一个民族的法律制度，像艺术和音乐一样，都是他们的文化的自然体现……法的最好来源不是立法，而是习惯，只有在人民中活着的法才是唯一合理的法。"这些精辟论述不仅说明了法律的本源，而且阐明了法律的功能和价值。

步入法官队伍以后，如何真正执掌法律成为现实的课题。每次重温英国哲学家培根在《论司法》中的经典表述，内心都为之震动："一次不公正的裁判，其恶果甚至超过十次犯罪，因为犯罪虽是无视法律——好比污染了水流，而不公正的执法则毁坏了法律——好比污染了水源。”时至今日，自己每经手一个案件，箴言似犹言在耳，唯恐稍有不慎而罪恶加身。培根还一并论及法官的修养：“法官应当学问多于机智，德高望重甚于巧言善辩，慎重超过自信。”除了内在的修炼，法官还应培养起抵御外邪的力量和智慧。在此不能不提及英国法律发展史上的一件轶事，即 1608 年大法官柯克婉拒国王詹姆士一世要求审理案件时的精彩对白：“的确，上帝赋予了陛下丰富的知识和非凡的天资，但陛下对英格兰王国的法律并不精通。涉及陛下臣民的生命、继承、动产或不动产的诉讼并不是依自然理性来决断的，而是依人为理性和法律的判断来裁决的。法律乃一门艺术，一个人只有经过长期的学习和实践，才能获得对它的认知。鉴于此，陛下并不适合进行司法审判。”翻阅历史的篇章画卷，仿佛游历于中西法律文明史的绵绵长河，不知不觉之中，法魂已经在脑海里悄然铸成。

三、读书养心，贵在平和

面对急剧变化的时代和社会上比较普遍的浮躁心态，法官更有必要调养平和的心境。因为，平和才有利于冷静地认识问题，理性地调处纠纷，真切地让诉讼当事人感受到置身庄严的法堂，也有司法的柔情，法律的温暖。否则，法官带着情绪处理冲突或矛盾，不经意间就会暴露出态度的偏颇乃至偏离中立的立场，甚至不由自主似地加入到两造中的一方，理当引为教训。法官也是血肉之躯、平凡之人，如何练就超然平和的心态？闲书养心，其理不假。与眼前急速变化的社会现象不同，书中往往沉淀着人类生存、发展的智慧或曰人生哲学。诚如王蒙先生在《我的人生哲学》中所言：学习是人生的“第一智慧”和“第一本源”。常言知书达理，说的也是其中的至理和奥秘。记得有一次合上易中天先生所著的《中国智慧》，闭目脑海中就蹦出一个念头：法官应当具备“三容”，即“包容”不同的观念，“宽容”他人的过错，“从容”应对是非荣辱。因为司法裁判的公正性并非单一的价值标准，而是一个价值集合体：公平、正义，诚实、守信，人格、尊严等，都应包含其中。法官的职责，就是应当借助于每一个案及其司法程序，锲而不舍地将其生产与传输出去。读书开启心智，我自感已有不少的体验。但毫无疑问的是，相对书中包含的大情怀、大智慧，此处的表白只能是言不尽意。关于读书的妙趣，还是借用南宋著名理学家朱熹的名句作为结语：“半亩方塘一鉴开，天光云影共徘徊。问渠那得清如许？为有源头活水来。”

制止干预司法　贵在制度落实

推进依法治国、公正司法，必须营造良好的司法环境。2015年3月，中办、国办和中央政法委分别发文，就领导干部干预司法活动、插手具体案件处理的记录、通报和责任追究问题作出规定，从外部和内部两个方面同时发力，构筑防止干预公正司法的制度体系，为司法机关依法独立公正行使职权提供切实保障。自规定发布之日起，相关内容就引发社会广泛关注和热烈讨论。不仅因为本次发布层级之高、针对性之强，更是因为该规定剑指长期以来影响公正司法且十分令人困扰的一个司法"顽疾"。

事实上，早在2009年12月最高人民法院发布的《关于司法公开的六项规定》中就已经明确要求：建立健全过问案件登记、说情干扰警示、监督情况通报等制度，向社会和当事人公开违反规定程序过问案件的情况和人民法院接受监督的情况。有些地方法院也曾制定禁止非程序性过问案件的若干规定。但是，多年来的实行效果并不尽如人意。究其缘由，中国是比较典型的人情社会，遇事托关系已经成为人们普遍接受的社会文化心理及行为方式。加之领导干部行使权力大多缺少严格的规范意识及有效监督，普通办案人员对于掌管自己职务晋升及职业发展前途的领导很难采取不合作的态度。于是，权力不当干预司法活动的现象多有发生。

猛药治疴，这是近年来强力反腐的成功经验之一。治理权力不当干预司法活动，应当同样适用。如果能在此达成共识，则可梳理领导干部干预司法活动的种种理由和表现形式，无论是出于公共利益的（如关系地方的经济发展大局和稳定等），还是出于私心私利的；无论是明眼可见的批转信件之类，还是行过无痕的暗地里关说，均应纳入记录或禁止之列，以保证司法裁判有一个相对干净的外部环境。对于难觅其踪的私下勾兑，应当通过建立健全司法权力内部运行机制进行有效制约。因为，司法权力行使过程大多由判断来构成，其中可能发生的偏私外在无形。只有依靠介入判断形成过程的司法权力内部运行机制，才能适时发挥制约功效。

概括而言，上述规定的要旨在于保障司法机关依法独立公正行使职权。在强调保障依法独立行使裁判权的同时，应当一并关注“三性”：

一是依法独立行使裁判权的相对性。即应当防止的是领导干部对于个案裁判上的不当影响力。不能将党的领导干部依职权对于政法工作的路线、方针、政策的领导与不当干涉司法裁判混为一谈。并且党的领导有必要按照程序确保司法裁判权始终掌握在公道、正派、对党忠诚的司法人员手中。

二是依法独立行使裁判权中的适法统一性。独立判断很容易产生的问题就是各自为政、缺少沟通，以致相同或相似案件基于裁判主体的看法不同而裁判不一。然而，司法的公正性在很大程度上是通过司法裁判的一致性来体现的。因此，强调依法行使司法裁判权的独立性，就必须关注适法统一性。否则，势必损害司法的公正性。

三是独立与制度化监督的同等重要性。用通俗语言来说，中国现阶段还是一个人情社会，关系可谓无处不在。加之法官、检察官的绝对人数较多，职业素养参差不齐。要想有效排除形形色色的不当干扰，加强制度化的监督制约应当是路径上的不二选择。例如，以往院、庭长对于案件质量的把关制度，其正面作用是主要的，不能因为强调司法去行政化就对此全盘否定。而是应当保留其监督制约等精华所在，去除其单独过问案件可能掺私的明显弊端，不妨重构以专家法官身份集体研判疑难杂症案件的新制度，确保案件得到公正裁判。改革的本质是兴利除弊，而不是将有弊端的制度全部推倒重来。这是我们在推进、落实新制度过程中务必谨记的方法论。

弘扬司法理性 治理腐败阴霾

谈及司法腐败，早些年曾是一个十分忌惮且颇有争议的命题。因为，司法本身是作为腐败的对立面而存在的，二者岂能相容共生？再从深度和广度上说，司法领域里的贪腐现象还是有限的，仅发生在个别法院和极少数法官身上，能与腐败一词的相当严重性相提并论？但问题的另一面同样成立。有权力存在的地方，就有腐败发生的可能性。即便是极少数法官的个别贪腐行为，却往往冲击着社会道德良知的底线，严重毒化社会风气。现在公开讨论治理司法腐败现象，既说明了问题的严重趋向，同时也表明了我们党和国家坚决惩治腐败的决心和意志。

一、腐败现象及成因

要治理司法腐败现象，就应当从铲除滋生司法腐败现象的现实土壤抓起。没有适宜的土壤，种子不会生根发芽。没有充足的养分，幼苗不会长成枝繁叶茂。司法腐败现象也是特定环境的产物。某些单位或个人之所以发生严重的违纪违法问题或者司法腐败案件，其背后一定伴随着相应的不良风气。如果不能找到或不愿触及滋生司法腐败现象的现实土壤，有效治理就只能是流于形式或沦为空谈。

物以类聚、人以群分。视野所及经常听到有些法官感叹工作上的四难：一是抵制权力干预难。有的案件事实及法律是比较清楚的，但在各种理由的干预之下，裁判结论则可能背离事实或规范，法官甚至会违心下判。虽然只是极个别的案件，但凡遭遇此种窘境，法官往往都会感受心绪不宁、寝食难安。名为公正化身却无力抵御外邪入侵，法官的职业尊荣感从何谈起？无奈之余，只能将裁判过程写成工作记录、载入卷宗，唯望日后能够说明自己的清白而已。二是当面回绝亲友、同事请托难。常言中国是人情社会，法官也无法置身事外。对于较为常见的案件关说现象，法官经常陷入难以推脱的困扰之中。尤其是源于领导、同事的请托，既有婉拒之后时常相见时的面情尴尬；又有同业共事、如何再请求他人支持配合工作的后顾之忧。所以，坚持原则之下，屡屡落得一段内心的孤寂与煎熬。三是说服外行意见难。法律本是系统缜密的规范体系，只有经年累月的钻研与实践，才能深入字里行间、逐步领会其中的要义和精髓。然而，简单的道理时有被有意无意地忽略或搁置一边的情况。四是选贤任能、唯才是用难。由于职务晋升仍是现行体制下评价法官业绩及进步的重要标识，而有的单位的人事权实际掌握在主要领导手上，故领导个人的喜好或偏爱可能会成为选人用人中的关键因素。

从表象上看，法官们所感叹的“四难”现象，只是工作中的某些不足或不正之风。可是透过现象看本质，无论是权力干预、影响个案裁判，还是人情关系渗透审判活动、左右人事变迁，背后隐含的事实其实就是：权力与法律规则相冲撞，权力与不当利益相勾兑。严重腐败行为的基本特征，同样归结于此。因此，正视、解决“四难”现象，可以起到防微杜渐、釜底抽薪的具体功效。

二、治理对策探讨

首先，防止权力干预个案裁判，是治理司法腐败现象的首要任务。具体包括三层意思：其一，必须坚持党对政法工作的绝对领导，主要是指加强党对政法工作的政治、组织领导，领导者个人不能干预个案的具体裁判活动。如果权力滥用，不仅干扰司法公正，损害人们的法治信仰，而且极易产生“破窗效应”，引发更多仿效。因此，尽管此类案件极少，但必须保持高度警惕。其二，约束权力不能仅靠领导者的自觉，也不能太多指望司法者的抵制，而必须依靠制度的力量。历史的经验反复证明，有权者常常有滥用权力的冲动，相关个人的抵制往往显得苍白无力。只有制度的有效运行，才能产生恒定、长久的约束效力。其三，规制权力滥用，应当从常见多发问题入手。领导批转案件一方当事人的信件材料，是权力影响司法的常规渠道。即使领导批示“依法处理”，并无倾向性意见，但下属经常会揣摩领导意图，偏离公正裁判的立场。有些还会书面汇报，徒增法官的工作负担。因此，在工作职责之外，领导不得过问案件，批转相关材料，将此写入制度规范，有利于制度的具体执行。

其次，大力整治“关系案”“人情案”和“金钱案”，是当前治理司法腐败现象的重要抓手。“关系案”“人情案”和“金钱案”的严重危害程度，可谓路人皆知。在一般民众的观念中，认为打官司就是“打关系”的人已不在少数。在有些法官的心目中，在法度之内关照、偏向一方当事人，似乎不成太大问题。其实，任何偏袒都是对职业操守的违背，对公正司法的背离，对司法公信力的破坏。凡是司法腐败案件，多数源起于关系。要治理司法顽疾，有必要把握几个要点：

一是抓住重点环节定规范。如刑事案件的定性通常较少偏差，而在自首、立功的认定，减轻、免除处罚情节及缓刑的适用等量刑环节，则成为人情、关系最容易渗透的薄弱地带。又如，民商事案件中举证责任的分配，有时直接决定一方胜负；侵权案件中过错责任的分担比例，多在法官的酌情掌握之中；建筑工程违约金的裁酌，也时常涉及巨额资金的进出等。只有抓住办案薄弱环节、突出设防重点，才有望取得事半功倍的成效。相反地，如果普遍撒网规制，则很可能因为案件数量庞大而最终力不从心、半途而废。

二是大胆创新有针对性的规制手段。针对一审案件，不妨借鉴澳大利亚昆州法院实行的类案参酌制度；即由案件双方各自向法庭提供类案裁判先例，法官必须在裁判文书中说明参酌与否的详细理由，以规范自由裁量，实现适法统一。在二审案件中，可以试行裁判理由填表备查制度；即专门针对改判、发回等敏感案件，要求法官将改判、发回的理由专门填表备查。借此既可强化裁判说理，又能加强法官的改判、发回责任。诸如此类方法，均可调研、试行。

三是强调领导示范，注重兑现责任。经验证明：凡事领导带头，往往带动多数。即令发生个别违规现象，严格追责即可以儆效尤。

最后，加强法官的职业化、专业化建设，是防止司法腐败现象的重要保证。法律是系统的规则体系，规则以理性、价值作支撑。法官裁判案件，既要寻找具体对应的法律规范，又要兼顾相关规范的系统协调，还要考虑适用法律的效果是否符合法律的价值目的性。这一复杂的思维判断过程，决定了法官必须走职业化、专业化的发展道路。毋庸赘言，专业性是与随意性相对立的概念。强调法官的专业性（裁判规范性），有利于克服司法裁判的随意性，从而防止司法腐败。

就法官个体而言，其法律信仰与法律规范意识越强，违法作出司法裁判的可能性越低。常言无知者才无所畏惧。从司法腐败案件发生的实际情况看，往往是在规则模糊之处，法官自由裁量权较大的地方，最容易滋生司法腐败现象。因此，在严密制定法律规范之时，一并注重法律方法的研究与运用，也成为预防司法腐败现象的当为之举。诚如梁慧星教授所说，再严密的法律规范，总有核心语义与开放结构，难免存在某些疏漏或者发生相互抵触，法律方法正可弥补法律规则的上述不足。简言之，规则与理性，是法官职业化、专业化的基本内涵。严格遵从规则与理性，司法腐败现象就会无处遁形。

下编 司法改革的认知与实践

司法改革应当加强理论研究

理论是行动的先导，只有理论上的清醒与成熟，才能做到行动上的自觉与坚定。加强理论学习，关键是要提高对事物规律性的认识，善于运用规律来处理问题。推进司法改革，同样需要加强理论研究与指导。

一、关于司法的亲历性

随着改革深入，司法的亲历性特性日渐受到重视。表现在舆论上，大力倡导"让审理者裁判，由裁判者负责"，并由此引申出"院、庭长对于自己没有参与审理的案件，不得再行过问"；在实践中，有的法院已尝试全体审委会委员参与庭审案件。从实质看，之所以强调司法的亲历性，主要目的在于达成裁判者对于裁判对象事实认知、了解的完整、准确性。即没有亲历性，就有可能发生认知上的不完整性。

由此以观，司法裁判通常可以分为事实认定与法律适用两部分。对于事实认定而言，只有亲历庭审，才可能相对完整地了解诉讼双方当事人的陈述内容、相应证据的实际情况，以及争议双方附带表现的肢体语言、情绪反应等客观事实，进而依据听觉、视觉等综合获取的信息，作出相对准确的事实判断。倘若缺少庭审亲历性，裁判所依据的视觉信息等，就很难经由单一的语言描述达到相对完整认知的程度，从而容易造成事实认定的偏颇或缺失。

对于法律适用问题来说，庭审中经常涉及的法律相对于事实的涵摄力，法条所蕴含的价值取向与真义等，法庭之外同样可以深入讨论。就效果来说，庭外延伸讨论往往有助于准确理解、适用法律。正所谓“事实越描越黑，真理越辩越明”。亦即事实易因多次转述而失真，而真理须经反复争辩才明白。有鉴于此，要准确把握司法的亲历性，有必要把事实认定与法律适用问题区别开来。具体地说，以院、庭长为主体的专家法官会议和审判委员会对于法律适用疑难问题进行集体研判与共同把关，不仅理论上可行，而且在实践中很有必要；其主旨就在于发挥院、庭长等专家法官的经验优势与集体智慧，确保新类型及疑难杂症案件法律适用的协调性和统一性，实现司法的公正性。

二、关于依法独立行使审判权

在以往的不少学术研讨中，依法独立行使审判权问题，时常被当作司法去地方化、去行政化的主要理由和关键指标。

有的学者提出没有依法独立行使审判权，就不可能实现司法公正性，似有表达二者同等重要之意。笔者认为，强调依法独立行使审判权，有必要同时关注、处理好两个问题：其一，依法独立行使审判权与司法公正性的关系；其二，依法独立行使审判权与权力制约性的关系。

毋庸置喙，依法独立行使审判权具有重要的程序价值，即司法裁判过程不应受到任何外部干扰；但相对司法公正性而言，二者显然呈现手段与目的的关系；即依法独立行使审判权是为了保证裁判的公正性，却并不意味着一定实现公正裁判。从司法实践经验看，司法的公正性主要是通过同类案件司法裁判的一致性和不同类型案件司法裁判的协调性来体现的。因此，在司法裁判机制上，针对不同裁判主体设置协调一致的审判管理职能，就是必不可少的环节。倘若缺失，则势必损及抑或背离司法裁判的公正性。

另外，任何权力都必须受到有效制约，绝对的权力必然导致绝对的腐败；司法裁判权也无例外，这同样是权力配置与运作的黄金定律。基于此，依法独立行使审判权务必与权力制约性并行不悖、相得益彰。立足于我国的司法实际，笔者认为将依法独立行使审判权的重点放在有效防止外部干预层面是适宜的；在司法权力内部配置上，依然应当强调权力的有效监督与制约。尤其是在防范关系案、人情案、金钱案方面，明确赋予院、庭长进行审判管理与监督的双重职责，既是对于以往司法实践经验的理性传承；也是基于现实客观需要的应然抉择。与以往有所不同的是，改革背景下我们愈加强调院、庭长经由专家法官会议等集体把关的形式及规程，可行使事中干预与事后监督的管理、监督职权，借此约束恣意妄为行为，确保审判管理、监督权与法官依法独立行使裁判权的和谐统一。

三、关于司法的公开性

一般认为，阳光是最好的防腐剂，司法公开、透明有助于防止司法腐败，促进司法公正。因此，许多法院都借助互联网技术及新型媒介，搭建起多种多样的司法公开平台。应予指出的是：司法公开的主要功能并不止于展示形象、接受监督。司法裁判信息作为一种社会公共资源，应当让社会公众得到便捷、有效的自主利用。司法裁判所形成的各项规则，应当为公民及社会生活提供明确无误的行为规范和价值指引。就司法公开的内容来说，由于各种诉争可能涉及可公开与秘密隐私信息，愿意与不愿公开信息，正面与负面信息等。于是，不同内容的公开限度、时机与方式方法等，理当予以审慎拿捏、分别掌握。不然，为了公开而简单上网发布，以至水平明显参差不齐的法律文书等充斥媒介，则势必冲淡、湮没有用的裁判信息；抑或损害当事人的正当权益，无助于树立司法权威和公信力。从推进司法公开的目的性与满足社会需求两个维度检视，应当说，我们还需要更多深入思考，真正把司法公开工作做深、做细、做好。

具体地说，针对不同受众，司法公开应当展现不同的重点。一是对于社会公众来说，应以公开确定的裁判理由及结果为主。虽然世界各国对于裁判理由有不同公开方式，有的公开多数与少数意见；有的公开每个法官的不同见解，但从我国实际出发，为了增进公民的法治观念和规则意识，现阶段的裁判文书，应以给社会公众提供确定的行为规范和价值取向为妥。至于公开分歧意见、倡导多元思想文化，既非司法本职，我们认为不宜作为现实选项。二是对于当事人和律师来说，应以公开司法裁判过程和法官内心确认内容为主。因为当事人和律师亲历诉讼，他们既通过诉讼过程感知法官的人格人品、专业能力，也通过裁判结果感受是否公允，所以，只有完全公开，才能消弭疑虑。尤其是在一些争议较大的案件中，纠纷可能无关善恶、也不涉及正邪，而是两种善念，或者难分仲伯的价值之间产生冲突。法官究竟如何取舍，只有充分公开内心确认内容，才可能做到以理服人、归顺人心。三是对于司法机关内部来说，应以公开法律争点为要。多年来，我们一直倾力打造社会公开平台，却疏于建构内部公开机制。殊不知，公开法律争点，不仅有利于法官间及时充分地讨论问题、集思广益，提高个案裁判水平；而且复裨于同行间切磋裁判方法、分享裁判经验，统一裁判标准，提升法官整体的裁判能力。因此，在现有案例库的基础上，进一步打造裁判方法交流与经验分享的内部公开平台，也应纳入司法公开系统工程的组成部分。

四、关于司法的公正性

一般来说，司法公正性是一个相对的概念，它在很大程度上是通过司法裁判的相互协调性与大体一致性来体现的。亦即在裁判结果上，不同事物所涉及的权益与责任，应当保持轻重协调性；相同事物所涉及的权益与责任，应当保持大体一致性。也就是哲学上所说的“同等事物同等对待，不同事物区别处理”。在司法改革视野下，如何有效实现司法的公正性？以下几个现实问题，值得大家关注讨论：

一是如何运用审判质效数据问题。随着近年来案件数量急剧攀升及互联网技术的普及应用，审判质效数据已然成为各级法院审判管理的主要手段和投放工作重心的指挥棒。从实效看，其作用主要在于效率管理；对于审判质量及裁判公正性的评估效果，大多不尽如人意。其实缘由也很简单，司法公正性属于精神感知的价值范畴，人类至今对于精神构成要素的认知程度还相对不足，如何运用具体数据来作精准描述呢？可见方法论的失误自不待言。因此，强化审判质效数据管理，实际只能加强审判效率。事实表明，过分强调办案数量之日，就是放松审判质量要求之时。法官长期感受办案效率压力之下，已很难兼顾不断提升案件质量和当事人的公平感受之需。

那么，如何恰切运用审判质效评估手段？我们认为，办案质量和司法公正性等价值问题并非不能评价，如同善恶美丑等价值评价标准人们用得得心应手一样，只是评价方法在于分类评价罢了。易言之，在目前条件下，价值评价只能作适度的分类比较，尚不可做逐一的个别分辨和精确的数字描述。作为审判管理手段，先行调低某些过高的审判效率指标要求，给法官释放必要的打磨案件质量的自主空间，此乃当务之急。在此基础上，循着案件繁简分流之路，让简单案件的审理走向归类评价，让疑难复杂案件的审判真正成为规则制定和价值指引的有效载体。果真如此，司法的公正性才是不言而喻的。

二是如何配置审判资源问题。案件有难易之分，审判者有能力强弱之别。要实现公正裁判，合理配置审判资源就是题中应有之意。在推进司改伊始，我们就实行资深法官主审重大疑难敏感案件制度，其旨趣正在于此。现在的问题是，

90% 以上的一审案件下沉到基层法院，基层法官普遍感到不堪重负；在此情形下，能否将部分重大疑难复杂案件的审判权交由中级以上法院行使，这就牵涉四级法院审判职能的定位问题。我们认为，正确定位有赖于建立必要的基本共识。诸如，既然是法院，就应当实际承担审判职责，不能脱离审判专司指导。不同审级的法官素质要求和实际水平不同，其承担的审案类别及职责也应有所差异。还有司法纠错不宜作为一级法院的主要工作职能，而只能作为诉讼制度上的个别救济通道。基于这些基本判断，我们认为在司法改革中推出有限三审终审制是适宜的。亦即绝大多数案件仍然实行两审终审制，但对于重大疑难复杂案件来说，交由中、高级人民法院完成一审、二审更为合适。并且允许此类案件二审后继续上诉，由最高人民法院根据案件性质及审判指导价值等因素，自主筛选部分案件进行三审。这样既考虑了案件难易与审判能力的审级匹配，适度舒缓基层法院的办案压力，有利于公正裁判；也一并兼顾了审判、纠错与指导功能的协调配合，相对更为合理有效。

三是如何分配审判职责问题。目前我们的一审、二审及再审功能未作严格区分，均对事实和法律问题进行全面审理。多年来的实践情况表明，绝大部分民商事改判、缠诉案件集中于事实纷争。这一结果并非偶然，因为在时空变换中最容易改变的就是事实。就好比我们试图把原始的笔迹仅仅描摹得清楚一些，但客观事实是每描一遍，一定是与原始形态偏离越远。诉争双方正是利用了事实容易随时空改变的特性，借助于二审、再审的机会，吸取一审中的经验教训，从不同角度重塑事实，以实现自身利益的最大化。作为理性的裁判者，我们应当懂得：稍显模糊的原始笔迹，仍然可以表现原作者的精气神；多次描摹之下的清晰，往往伴随难以复原的失真。基于事实不宜反复刻画的基本特性，我们在审级制度上有必要建立尽量尊重原始真实性的裁判规则。

具体说，经历一审程序依法充分举证、质证、认定的案件事实及其证据体系，应当认为通常最为接近客观真实；尤其是对于变化无常的言词证据来说，最初的证人证言相对权衡利弊得失较少，相应证明力较高。如果二审、再审法官欲针对先前裁判认定的事实提出改判意见，则应秉持十分审慎的态度和确凿无疑的理据；换言之，二审、再审法官的职责定位，应主要放在审查程序正当性和法律适用的正确性之上。

推进司法改革应当正确处理五个关系

自2014年6月中央全面深化改革领导小组第三次会议审议通过《中央关于司法体制改革试点若干问题的框架意见》和《上海市司法改革试点工作方案》以来，闵行区人民法院作为上海市四个试点法院之一，按照市委和高院的部署，已经先行启动法官员额制及审判权运行机制改革。为了稳妥推进相关工作，我们认为有必要妥善处理以下五个关系。

一、正确处理司法改革方向与现行方案的关系

本次司法改革的最大优势在于顶层设计。中央不仅明确了司法体制改革的总体目标，即加快建设公正高效权威的社会主义司法制度，维护人民权益，让人民群众在每一个司法案件中感受到公平正义；而且确定了改革的重点任务，即确保司法机关依法独立公正行使审判权、检察权，健全司法权力运行机制，完善人权司法保障制度。对于中央确定的司改目标和方向，我们应当坚定不移地贯彻落实，不得须臾偏离。应予指出的是，在制定现行实施方案时，必须强调一切从实

际出发，注重推进改革的渐进性与稳妥性。

就法官员额制来说，既要看到迈向法官职业化、专业化的发展方向，坚持运用德才兼备的人才标准选贤任能，以切实履行人民司法惩恶扬善、维护社会公平正义的神圣职责；也要看到现阶段不少法院面临案多人少的实际困难，以及各法院为缓解办案压力、提高审判质效在人力资源配置、审判权力运行机制等方面所进行的长期探索和已有成效与经验。改革的本质是兴利除弊，其前提自然包括先行识别、有效保存现实合理的事物。倘若忽略审慎甄别环节，对于现行有效的审判工作制度、机制心中没底，就很可能单凭改革热情而丢失改革理性，以推倒重来的思维主导改革，其结果势必于大胆除弊的同时亦将现存合理的东西一并抛弃，致使改革付出不必要的代价，甚至可能遭遇严重阻碍或挫折。

鉴于此，对于现在审判岗位上的办案法官，应当尽量避免因设置过于理想的专业化标准（如一律参加严格的专业书面考试或庭审、裁判文书考评等）而导致大面积“卧倒”，进而影响现有的审判效能。对于现在审判辅助或司法行政岗位上却有法官资质的人员，也宜避免因单凭个人利益取向或意愿而产生大量的“回流”，以至较多地挤占有限的法官员额（如上海法院确定法官员额占比 33%），影响现行的审执工作秩序。换言之，改革必须调整现有的利益格局，否则就是改用“新瓶装旧酒”，不足以明示改革的目标与方向；另外，调整的范围与节奏必须关注适当性。倘若引起剧烈震动，则很容易产生变相否定甚至割断历史发展源流的偏颇，背离改革的初衷和属性。

具体到操作层面，不妨把握以下三个要点：

1. 对于资深法官来说，重在经由改革提升工作热情与审判绩效。可以在年度考核称职的基础上，进一步要求承诺完成基本的办案数量与质效（如申请任职岗位所在审判业务庭法官的人均办案数量等），始可进入法官员额。

2. 对于开始法律职业生涯不久的年轻法官来说（如晋升助审员不满两年之类的），应当率先实行竞争上岗、择优入员。即通过参加严格的选拔考试与综合考核，按照缺位法官员额的数量，依序递补进入法官序列。这是今后遴选法官的重要路径。

3. 审判业务骨干以外经由转岗、遴选途径拟进入法官员额的人员，原则上只能选择主要审判业务庭作为目标岗位。诸如立案、审判管理、执行等审判辅助岗位，并不属于本次司改拟定加强力量配置的单位，故不宜将这些部门的法官员额作为竞岗、转岗的目标。总之，基于司法改革任务的长期性与艰巨性，我们不能把司法改革方向当作现行方案来操作。坚持瞄准方向、分步实施、先易后难（如先成其形、后注其神）、步步为营的策略，是必要和可取的；任何脱离现实条件，企图一步到位、毕其功于一役的想法和做法，都是有害而无益的。

二、正确处理利益导向与职责选项的关系

本次司法改革将建立司法人员的职业保障制度作为重点任务之一，其中无疑包含了一定的利益导向因素。具体来说，经过改革、完善的司法制度，就是要能够广泛吸纳社会精英人才，他们受到良好的通识与专业教育，具有良好的职业道德与人文修养，养成真切的爱民与亲民情怀，精于履行司法裁判职责，以实现社会公平正义为使命。每个法官的精神风貌与实际作为，能够体现社会良知，足以彰显社会正义。对于这样的职业群体，国家理当给予充分乃至优渥的职业保障及待遇。值得指出的是，在国家层面强调“从优待警”的同时，应当一并重视和强调：对于法院和法官自身来讲，不断增强法官的身份与职责认知，既是日常思想政治工作的重要内容，也是推进法官员额制改革过程中不可忽视的紧迫任务。

展开些说，包括以下两个方面：

其一，法官无疑是社会上学习钻研法律较多较深的群体，其言行举止理当受其浸染与熏陶，在业内与业外均表现得更懂规矩、更具理性，乃至行为世范。倘若法官也惯于性情使

然，抑或陋习缠身，甚至参与弄虚作假、欺世盗名，则实在是罔顾名声、不符身份。

其二，法官的主要职责在于公正裁判案件，匡扶社会正义。公正属于社会的基本价值元素，存活于人们的内心感受之中。易言之，法官经由诉讼活动所生产、输出的主要是一种精神产品。倘若法官对于精神产品的生产特性与生成机理缺少深入地钻研与深刻地认知，而是混同于物质产品一样，单纯运用现代科技条件下的数理逻辑和方法加以描述或管理，或者径直听取公众对于一时一事的直观感受作为公正价值的评判依据，其结论就难免会以偏概全、效果不彰。具象表述其不足，恰如古代寓言中的“盲人摸象”，各自都确信自己所感知的局部特征，乃是大象的整体形象。检视近年来司法公信力不高的问题，不得不说与我们的主要精力专注于裁判职责不够，以及对于司法裁判作为精神产品的特性还认知不足存有一定的关联性。

概言之，目前法官与一般民众、普通公务员身份的混同现象是比较突出的；法官职责的清晰度与专业性也亟待提升。借助于司法改革的“东风”，首先增强法官自身的身份与职责认知，继而不断凝聚相应的社会共识，借此内外形成合力，沿着优质优酬的路径不断前行，法官的职业保障制度才有望建立在更加牢固的社会基础之上。

结合法官员额制的推进过程来说，国家层面的利益导向与法官个人层面的职责选项必须区分开来。简言之，个人能否进入法官员额，只能以职业意愿、能力倾向，以及与岗位职责的匹配度作为选择依据，决不能造成大家有意无意地均以利益大小作为取舍的风向。如若不然，则势必造成法官员额通道的无序拥堵，抑或斤斤计较下的猥琐退出。无论出现后面哪种情形，都是把改革引入了歧途。因此，要做好法院人员分类管理工作，必须首先明确法官、法官助理及司法行政人员各自的岗位职责及职业前景。只有定岗定责、职责清晰，法院人员分类工作才能形成正确导向，真正实现双向选择，进而营造出“人尽其才、才尽其能”的工作氛围，达成改革的目的。

三、正确处理推进改革与抓好审判的关系

司法改革是当前各试点法院的中心工作，其重要性要求我们只能成功不能失败；另外，执法办案是法院工作的第一要务，也不能因此有丝毫耽搁。但凡一门心思搞改革，审判工作暂时撂一边；或者“改革工作做加法，审判质效做减法”等做法，皆不可取。因此，坚持以改革为动力，以促进审判质效与审判能力提升为目标，就成为当下法院工作思路上的不二之选。通俗地讲，所有改革方案的细化与实施，都应以

提升审判质效与审判能力为主导。

在推进法官员额制方面，一是要尽力避免过多地牵扯审判精力，二是要切实防止事实上削弱审判力量，三是要尽快形成分工协作、有效配合的审判工作新机制。为此，我们应当缜密设计与有序推进几个重点环节的工作：如全面收集意见，尤其是要注意倾听小众群体或特殊个体的重点诉求；细化实施方案，力争对于每项正当诉求都要有针对性的妥善安排或处理；阐明政策依据，既要说明制定每项政策标准的现实依据，也要阐释执行政策效果的长远考量；公开操作过程，即重视运用正当程序打消人们可能产生的怀疑或顾虑。一言以蔽之，只有贯彻公开透明、民主协商精神，才能最大限度地减少对于审判精力的负面牵扯。

在具体实施阶段，如果有的审判业务庭出现现职法官不能入员的情况，为了保证审判力量，有必要将审判辅助或司法行政岗位上的适任法官适时转岗，及时充足员额。在明确人员分类方案以后，要迅速将主要精力转入对于审判工作新机制运行效果的评估与调试，坚决防止出现旧的办案模式已经打破，新的办案模式难以有效运行的尴尬或困境。

在推进审判权运行机制改革方面，也有必要关注以下三个重点：

一是真正推进庭、院长及资深法官回归审判一线，将主要精力投入重大疑难敏感案件的审理工作（建立资深法官主审重大疑难敏感案件制度）。这是遵循审判工作规律，着力提升案件裁判质量，克服司法行政化乃至官僚作风的风向指标。其理甚明，只有领导带头办案，带头钻研审判业务，法院内部才能形成强劲的工作导向，法官的职业化、专业化发展目标才会真实落地，取得实质性的进展。

二是为了解决“审者不判、判者不审”的审判分离问题，不能笼统地提倡“还权于合议庭”或者“由审理者裁判，由裁判者担责；其他人无权过问案件”。这里可能引发的误区是：审理案件通常包含事实查证与法律适用两部分的工作。就事实查证来讲，强调法官的亲历性是极其重要的。因为转述很难完整陈述案件当事人在庭审过程中由大量肢体语言等表达的涉案内容。层层汇报请示很容易产生遗漏、丢失案件信息，甚至扭曲部分事实的流弊。在此意义上强调审判合一、独立担责是很有必要的。就法律适用来说，对于静态、简约的法律条文所蕴含的法律精神和价值取向如何精准把握，则是以广泛讨论为宜。因为法条文字不会因人而异，其背后的真理总是越辩越明。即使是在查证事实部分，如何适用证据规则也属于法律适用问题，多加研讨并无不妥。

事实上，现今影响个案裁判质量的共性问题大致有二：其一是案件事实在较长的诉讼周期里被多次转述，经过反复描摹之后，结果很难窥见真迹。其二是简单套用法条裁决案件，法条之间的系统协调性及裁判的价值目的性体现不够，以至裁判效果较差。如所周知，司法裁判的公正性在很大程度上是通过司法裁判的一致性来体现的。不同法官对于相同法条产生不同理解实属正常现象。统一规范法律适用问题的最便捷、最管用的办法，就是及时开放问题，多加集思广益，努力凝聚共识。假如放任不同法官依各自理解适用法律，非审理者皆不得过问，其结果必然是有损司法裁判的公正性。再者，司法公开才能便于监督制约。在法官判断并不担责的司法通例下，适度开放审判中的法律适用问题，即建立专家法官会议集体研判案件制度（如合议庭或独任法官依照相应规则向专家法官会议提交重大或有争议的法律适用问题进行研讨），无疑有利于公正裁判，应当纳入审判权运行规则。

三是在推进审判权运行机制改革过程中，应当把强化司法裁判的规范性和专业性，着力提升法官的裁判能力一并考虑。一般说来，案件裁判通常经由四个工作环节：即事实裁剪、法律解释、法律适用和裁判文书制作。每一环节应当如何着手、把握哪些要点、遵循哪些规则，现在并未形成系统规范，往往多由法官依凭个体经验来把握。对于许多复杂疑难法律问题的处理，现实是依凭经验感觉多，依据缜密、翔实论证少，以至我们多年来一直强调裁判文书的说理，但迄今缺少说理应当遵循的一般规则和具体要旨。司法裁判的规范性、专业性不足，必然削弱权威性，增大随意性；与此相应，法官的整体审判能力尚难以支撑司法的公信力。比较而言，通过司法改革不断改善法官的执法办案环境和工作条件固然重要，而脚踏实地的苦练内功、不断提升司法裁判的内在品质和法官的专业能力才是根本之道。

四、正确处理以我为主与协同推进的关系

推进司法体制改革，应当坚持以我为主。因为具体任务所涉及的法院人员分类、审判权运行机制及司法责任制等问题，其优劣利弊何在，我们现在的家底如何，法院内部无疑是了解最多。借用通俗的比喻，外人可以评价鞋子是否漂亮，而舒服与否只有自己知晓。因此，我们必须积极投身司法改革，不能消极等待、旁观。同样值得重视的是，法院不能关起门来搞改革，忽略多方协同配合的重要性。由于某些片面舆论的宣导，仿佛本次司法改革就是归结为“三化”，即法官的专业化、司法的去行政化和去地方化；以后法院的审判工作就与地方事务无关。应当说，片面舆论带来的影响是负面的。不仅在司法改革五年过渡期内，各地方法院还有许多事务需要地方党委和相关单位提供基础性保障；即使在司改过渡期以后，人民法院依然应当重视和强调“三个不变”，即坚

持党对政法工作的绝对领导不会变，司法服务大局和社会经济发展的职能不会变，人民法院化解社会矛盾维护社会稳定的基本任务不会变。因此，法院在主动改革、自我革新的同时，应当做好“可持续发展”的必修功课，紧紧依靠地方党委和相关单位组织，避免单兵突进、单打独斗，以确保各项改革措施协调、有效地向前推进。

五、正确处理舆论引导与思想疏导的关系

改革必然触及人们的利益，改革中人们关心自身利益往往多于改革的价值和目的。即令是增益改革，人们也可能惯于算计自己的获益是否会少于他人。本次司法改革伊始，各相关法院的思想动态也验证此点。鉴于此，加强社会舆论对于改革价值、目的的宣导，就成为必不可少的工作。也只有强化舆论引导，才能营造改革的良好氛围，释放改革的正能量。实践经验表明，正确的舆论引导，对于多数人的心理取向可以发挥积极功效。但是，改革中难免会有少数人产生不同程度的失落情绪。对此，人民法院必须发挥长期以来形成的思想政治工作优势，及时做好相关同志的思想疏导和安抚工作。只有针对群体的舆论引导与针对个体的思想疏导共同发力，相互作用，才能调动全体干警支持改革、参与改革、推动改革稳步前进。

司法改革应当坚持问题导向

常言道：法治乃规则之治，规则依规律而生。将法治精神贯彻到审判工作之中，就是遵循司法规律，围绕司法裁判的基本要素，构建、完善审判规则，科学实施审判管理，有效提升审判能力和裁判水平，进而稳步推进法治进程。

从审判管理视角看，司法裁判主要涉及三个基本要素，即法官、案件、法官与案件的配置关系。就现状来说，我们在三个方面都面临繁重、紧迫的任务，有必要用求真务实、锐意进取的精神，厘清思路、攻坚克难、扎实有效地开展工作。

一、法官的职业技能需要系统培训

在人民法院的各项工作中，法官无疑是最为重要的因素。法官的职业素养水平，直接关系到裁判案件的质量和效果；每个法官的职业形象，也成为影响司法公信力的重要因素。多年来，我们倾力打造法官队伍的政治素质与廉洁操守；相比较而言，对于法官职业技能的系统化、专业化培训尚显不足，法官队伍的整体职业技能还有较大的提升空间。更通俗地讲，我国法官队伍的绝对数量庞大，其实际办案能力迄今缺少系统化、专业化的培养与训练，以至不同法官的办案思路、步骤与方法不尽规范、统一，成为树立司法权威与公信力的掣肘因素之一。

究其缘由，我们的法官队伍主要源于法学院校的培养与输送。在法学院教育阶段，学生所习得的知识主要是法学的一般原理、原则，以及与具体法律制度、规范相联系的构成要件知识系统；其主要内容以注释法学为特质。相对于司法实务所需要的完整办案技能而言，法学院教育仅完成了其中的部分任务，即培养学生的法律素养。就裁判案件来说，大多经历事实裁剪、解释法律、适用法律与制作裁判文书等前后相继、环环紧扣的具体操作流程。其中不仅需要精深的法律学养，而且倚重厚实的司法经验及社会阅历等。然而，法学院毕业生步入法院以后，通常并未在新的岗位上获得系统、专门的职业技能培训，而是仰仗资深法官的个别传授与自我观察感悟，逐步在实践中积累点滴办案经验和技巧。毋庸讳言，这种个别习得方式存在明显的局限性：一是所获得的职业技能缺乏系统、完整性；二是所掌握的职业技能具有显著的个体差异性。从整体而言，法官职业技能的参差、不足状态，有碍于实现法律适用的统一性和司法的公正性。

应当看到，法官的职业技能是一门系统、精专的知识学问。诸如如何针对纷繁复杂的案件材料，娴熟着手事实裁剪；如何基于简约的法条文字，精辟阐明法律精神；如何将抽象的法律适用于具体的案件，形成条分缕析、明辨是非的公允判断；如何采用精当的语词与缜密的逻辑将情、理、法融为一体，制成辨法析理、以理服人的裁判文书；可谓环环皆重要，要求各不同；每环有要领，个案有侧重。但是，任何复杂的事物都有基本规律可循。只是规律常常隐藏在众多事物的背后，不能一蹴而就、一劳永逸而已。以刑案为例，法官大多经由“案发经过”切入案情，一般审查三个要点：引发刑事追诉的基本事实是什么，涉罪事实如何与特定嫌疑人建立联系，以及锁定的犯罪嫌疑人如何到案；由此形成关于案件合理性的初始判断，也为进一步查证犯罪行为及罪责奠定基础。现在的问题是，这些关于具体办案路径、要领与规范的知识经验，仍然散见于不同法官的个别发挥之中。即令在法官的常规教育培训中有所涉及，但内容往往是零碎或片段的。多数还局限于个案层面的办案心路历程，相对缺少类型化、系统化的方法提炼与理论总结，因而作为实务技能知识的完整性及感染力是不够的。如何将零星、散在的法官办案经验加以汇总、提炼、整理，使之成为分门别类、专业齐全、脉络清晰、结构完整的法官职业技能知识体系，乃是加强法官执业能力建设的必要步骤。有了法官职业技能知识体系，并且注重在实践中不断加以补充、更新、完善，才能使现行的法官学院教育培训与大学法学院教育真正分野，成为法官在职培训的鲜活教材及不断提升法官整体职业技能与司法裁判水平的重要抓手。

二、案件的质效管理有待科学定位

审判案件是人民法院的中心工作，案件质量关乎人民法院的生命线。没有可靠的案件质量信心与保障，树立司法公信力就势必沦为空想和空谈。那么，影响案件质量的主要症结是什么？如何保证审判案件的质量和效率？单从案件裁判机理层面检视，现行审判活动中有必要重视以下两个问题：

一是事实裁判应当注重亲历性。事实裁判与法律适用是审判活动的两大主轴，但二者在裁判机理上具有明显差异性。之所以事实裁判应当强调亲历性，贯彻落实直接、言词原则，一方面，因为法官在法庭审理过程中所获取的有效裁判信息通常是综合性的，难以逐一转换成口头和书面表达。除了复杂多样的证据事实外，包括诉讼双方的肢体语言、情绪反应与细微表情变化等，也可能构成法官建立内心确信的有益补充。另一方面，即使是可以转述的事实情节，传递过程中必然会伴随信息流失的自然特性。恰如“拷贝不走样”的娱乐游戏，多人隔离模仿上一位表演者的简单动作表情，轮到最后的表演者总是动作千奇百怪，但是每一位表演者都确信自己是最为忠实的模仿人。传递案件事实亦莫非如此。经过多次转陈后的案情，往往会产生不同程度的变形，但裁判者常常浑然不知，并笃信自己所发表的最终裁判意见具有相当的客观公允性。诚然，上述游戏与判案也有不同之处，即游戏的结局以旁观者忍俊不禁为目的，判案的结果则是以当事人的诉求受挫、司法公正性受损为代价。不难想象，倘若以最后已经变形的事实裁判说服当事人服膺法律，其效果可想而知。

鉴于此，我们在当下重视运用公开透明机制、分级把关案件质量之时，应当一并关注承办法官及合议庭成员在案件事实裁判中的重要作用；明确界定其他参与讨论者的职责，主要在于就适用证据规则的妥当性提出见解。在审委会讨论、决定案件时，要重视运用现代多媒体技术再现重要证据或者庭审片段等客观场景，以最大限度地增强裁判案件事实时的亲历感与可靠性。

与此同时，也要相应强调证据裁判原则。因为，承办法官及合议庭成员作为庭审活动的亲历者，其对于案件事实的取舍也不能随心所欲，必须依规则行事，并将认定事实所依据的证据及其采信过程完整、准确地表述出来，加以固定。

对于亲历庭审并依证据裁判原则形成的法律事实，理当给予充分尊重和坚定维护，否则事实裁判的客观公正性就可能在分级把关的不经意间悄然亏损。

二是审级功能定位应当有所区隔。生活常识告诉我们，要正确认识事物，保持适度的时空距离是必要的先决条件。离得太近，看得真切，但只能管窥局部；离得太远，俯瞰全貌，但容易模糊失真。审判案件作为一项特定的认识、判断活动，也应契合认识规律，因时空变化设定不同的审级功能。

目前我们的一审、二审及再审功能未作严格区分，均对事实和法律问题进行全面审理。多年来的实践情况表明，绝大部分民商事改判、缠诉案件集中于事实纷争。这一结果并非偶然，因为在时空变换中最容易改变的就是事实。就好比我们试图把原始的笔迹仅仅描摹得清楚一些，但客观事实是每描一遍，一定是与原始形态偏离越远。诉争双方正是利用了事实容易随时空改变的特性，借助二审、再审的机会，吸取一审中的经验教训，从不同角度重塑事实，以实现自身利益的最大化。对于当事人的趋利避害行为，我们很难苛责。但是，对于法官通过不同审级反复追查全部案件事实真相的善良愿望和积极努力，则值得提出警醒。作为理性的裁判者，我们应当懂得：稍显模糊的原始笔迹，仍然可以表现原作者的精气神；多次描摹之下的清晰，往往伴随难以复原的失真。

鉴于事实不宜反复刻画的基本特点，我们有理由建立尊重原始真实性的审判共识。

基于此，经历一审程序依法充分举证、质证、认定的案件事实及其证据体系，应当认为通常最为接近客观真实；尤其是对于变化无常的言词证据来说，最初的证人证言大多具有较高的证明力。如果二审、再审法官欲针对先前裁判认定的事实提出改判意见，则应秉持十分审慎的态度和确凿无疑的理据；否则就很容易在毫无知觉中一再重复“再度描摹”的结局。换言之，二审、再审法官的职责定位，应主要放在审查程序正当性和法律适用的正确性方面。因为，与事实裁判明显不同的是，无论是程序和实体的法律规定，还是其中所蕴含的法律价值与精神，都具有因应时代的相对稳定性。它一般不会随时空条件及审级变化而改变，相反会因反复争辩、不断证伪而现真，也即真理总是愈辩愈明。可见，审级功能区隔不是现行制度上的刚性要求，而是司法裁判理性的必要选择。

在此基础上，我们有必要进一步树立“一审打造精品案件，二审、再审着力个别修复”的案件质量管理理念。正如日常生活中的名优产品都是力戒出厂瑕疵，再辅以优质售后服务才得以形成商品信誉和最大经济效益一样，要提高审判案件质量及司法的公信力，也必须从保证案件审理的初始品质着手。假如一审仅作粗略加工，寄望二审、再审精雕细琢、打造精品案件，就如同希冀售后维修服务能够大幅度提升产品品质一样，二者同样难以想象。至此，在程序理念与制度安排上，坚持一审是关键，二审、再审是保障的审判质量观，符合司法裁判的内在规律。

三、法官与案件的配置关系亟待合理调节

对于办案压力持续增加的大多数法院来说，既面临案多人少的突出矛盾，又肩负不断提升审判质效水平的现实重任。如何破解难题、负重前行？着眼于内部挖潜与优化资源配置方案，我们在法官与案件的匹配关系上，应当还有继续努力的空间。

其一，加大案件繁简分流力度，是缓解案多人少矛盾的主渠道之一。确切地说，现今各地法院并非没有实行案件的繁简分流，而是还可以做得更加精细。亦即案件的繁简分类更为准确，案件难易程度与法官的办案资历、能力更加吻合，办案考核指标的设置更趋合理。其中的要点在于：在坚持立、审、执分离，继续实行案件流程管理模式的前提下，加强分案环节的专业识别力度，使案件数量较多的专业门类（如刑、民、商事案件等）均纳入分流范围；使简单、一般、疑难案件的分类，更加贴近实际情况；使立案排期开庭集约、顺畅、

具有针对性，真正实现简案简审、难案精审的案件质效管控目的。很显然，要达成精细分案的目标，安排办案经验丰富的资深法官专事分案，就成为有效进行案件繁简分流的当然选项。

其二，资深法官走上前台，是提升审判质效、有效进行经验传承的必要举措。从现实情况看，不少法院呈现的普遍现状是，一线办案法官的年龄大多比较年轻，有经验的资深法官往往退居幕后，担任庭、院长的法官就较少着袍上庭。由此带来的审判常见问题是：有的法官因经验不足缺乏对于案件整体的把握能力，导致一个案件多次、反复开庭，徒增当事人诉累，也影响审判效率。有的法官因缺少社会阅历和人生历练，不能准确理解、及时切入诸如婚姻家庭、股权债务等复杂纠纷的要害问题，以至庭审驾驭不足、裁判说理无力，无助于化解社会纷争。还有的法官乐于幕后参与，却因缺少事实裁判的亲历性，难免会出现发表意见偏颇武断、判断进退失据的意外窘况。产生这些问题当然具有历史或现实的诸多原因，譬如对于司法裁判的“即时判断”特性认识不足，对于司法经验的重视程度不够，以及法院管理的行政色彩较浓等。在运用法治思维和方式推进审判工作的视野下，我们就是要敢于正视问题，逐步破除藩篱，因循司法的规律性实施审判管理。承接上述案件繁简分流的思路，资深法官走上前台、担纲主审新类型疑难、复杂案件就是顺理成章之事。此举不仅有利于克服上述种种审判弊端，而且直接推动以老带新、言传身教的经验传承，并且势必带来法院管理的务实新风。

其三，研究设置法官与案件的合理比例关系，是有效实施审判质效与法院管理的重要课题。目前，我国大多数基层法院承担了80%以上的一审案件，与中、高级法院相比，基层法院的人员编制相对较少，法官的职级、职称一般较低，招录、选拔法官的准入门槛放得较宽，工作环境条件也比较艰苦。由此形成了巨大的案件数量、艰巨的审判任务与法官人力资源的普遍紧张关系。在现实压力面前，将地方三级法院与一审、二审案件作整体观察，研究法官与案件的合理配置关系，无疑是求解问题的又一可行方案。一方面，现行法律赋予了地方三级法院审判一审案件的相同职权。在新的形势下，如何依法划定各自的合适受案范围，确实值得进行动态研究。另一方面，三级法院的法官队伍素质和办案能力客观上存在某些差异性，适时研究案件类型及难易程度与法官办案能力的整体匹配性，也有现实的必要性。再者，不少基层法院面对的几近不堪重负的实际困难与社会公众对于司法公正性的迫切呼唤，也正在倒逼我们寻求整体资源的优化配置方案。正是基于这些实实在在的考量，我们在既往设定单一法官办案最低数量指标，用以“治懒”的基础上，更要精于测定一定周期内法官可以承办案件的最高指标，用以切实保证案件的审判质量，亦真正保护克己奉公、忘我工作的勤勉法官。需要提及的是，法官与案件的合理配置关系，应以类案流动为主要的实现路径，法官的上下交流只能作为个别的操作方案，这是我们酝酿措施、解决问题时不能忽视的制度背景与客观条件。

综上所述，在大力推进法治、追求实现司法公正价值目标的过程中，我们既要充分肯定现行司法制度及其运行效果的存在合理性，也要瞄准多面实际问题的肇始根源性。倘若无视现实司法土壤与本土资源，则很容易步入照搬照抄的改革歧途；如果忽略根治具体“病灶”的有效路径，则很可能陷入高谈阔论的漩涡而贻误改革时机。因此，践行法治应当务本求真。

推进司法改革应当讲究策略与方法

2014年6月，上海市闵行区人民法院（以下简称闵行法院）被确定为上海市司法体制改革四家先行试点法院之一。近一年来，闵行法院对于审判权运行机制改革进行重点探索，形成阶段性工作成效。下面谈三点体会。

一、制定改革方案，应当切入实际问题

记得上海市委韩正书记在2013年开展党的群众路线教育实践活动中指出：看不见工作中存在的问题，本身就是大问题；看见问题而不及时着手解决问题，则是最大的问题。推进司法体制改革，道理也是如此。由于上海法院一直秉持改革创新精神，早在十多年前就普遍实行了合议庭和独任法官负责制，院、庭长不再审阅、签发裁判文书，并且全面推行审判流程管理制度。于是，本次审判权运行机制改革从何处着手，再改哪些内容？这是首先应当厘清的问题。

从影响、制约公正审判的问题角度检视，现行审判权运行机制明显存在两个问题：一是审判流程管理中的电脑随机

分案机制，虽然有效防止了法官人为选案可能产生徇私的危险性，但同时带来忽视案件难易程度与法官审判能力强弱的匹配度问题。例如，将有些疑难复杂案件随机分配给办案经历较短或者办案能力稍弱的法官来审理，就容易出现法官多次反复开庭而仍不得要领等问题，其裁判质量和效率自然受到影响。二是审判权运行机制的行政化色彩较浓。包括院、庭长在内的许多资深法官，伴随职务和资历的成长，逐渐淡出法庭和办案一线，形成大部分案件事实上交由审判经验尚欠充足的年轻法官担纲主审的局面；由此导致有些案件的裁判结论考虑欠周，或者裁判效果不够理想，也就在所难免。另外，院、庭长等资深法官退居幕后大量参谋、指导案件裁判，也有悖于审判规律性所要求的亲历性原则及诉讼法上的直接言词原则，容易造成仅仅依据不够完整、准确的案件信息而作出偏颇裁判的弊端。

为了解决以上问题，我们将海量案件按专业门类进行精细化的繁简分流，将资深法官遴选出来突出其作用地位，用“主审”职责作为人案之间的联接纽带，率先推出了“资深法官主审重大疑难敏感案件制度”。该项制度既使根据法院实际情况确定的具有 8 年以上办案经验的资深法官，包括绝大部分的院、庭长都重执法槌、坐堂问案；又使重大疑难敏感案件均交由资深法官实际主审，从而实现了人案资源的相对优化配置，借此提升了重点案件的审判质效。与此同时，闵行法院还认识到“重大疑难敏感案件”也是法院重要的审判资源，对于锻炼、培养审判能力可谓弥足珍贵。鉴于此，闵行法院特别规定凡是资深法官以合议庭方式审理重大疑难敏感案件时，必须带进一名人民陪审员和一名年轻法官，进而使司法的民主性实际体现在重要案件的审判之中，且一并实现以老带新、传承审判经验的双重目的。自 2014 年 9 月下旬以来，闵行法院包括院、庭长在内的 91 名资深法官已经主审 800 余件重大疑难敏感案件，从而有效提升了整体的办案质效，也使年轻法官在实战中得到“手把手”的带教与悉心指导。

二、落实改革举措，应当坚持“兴利除弊”方针

我们强调改革必须解决实际问题，但并不主张将有问题的制度简单地予以全盘否定、抛弃。因为，司法改革在本质上属于改造司法文化的范畴，应当采取继承与发展的态度；也就是适合运用“扬弃”的方法，而不适宜采用推倒重来的“断裂式”改造方式。鉴于此，对于以往长期实行的院、庭长对于案件质量的把关制度，在当下力推“司法去行政化”和“让审理者裁判，由裁判者负责”的改革形势下，还能否继续沿用？这一问题无疑值得悉心斟酌，应予正面回应。

平心而论，过去实行的院、庭长对于案件质量的把关制度，确有行政权力干预法官依法独立办案之虞，也确实发生过院、庭长没有亲历庭审，却对案件事实发表片面性的处理意见的偏颇。但同样不能忽视的是，该项制度对于不同法官、不同合议庭以及不同审判庭之间在法律适用上的统一、协调作用，以及对于适时防止人情案、关系案的有效监督、制约作用，应当是其主要的功效，不能轻易抹去。换句话说，我们在改革背景下充分关注法官依法裁判案件的独立性之时，决不能无意中忽略了司法裁判的公正性与对于审判权力的有效监督制约性。其理甚明，依法独立行使审判权终究属于手段范畴，实现司法的公正性才是司法裁判活动的目的所在。由于司法的公正性是一个相对的概念，它在很大程度上是通过法官对于同类或相似案件裁判的一致性来体现的；倘若单纯强调法官依法裁判案件的独立性，则很可能发生不同法官基于对于相同事物的不同理解而作出不同的裁判，最终必然损及司法的公正性。一言蔽之，在司法改革中，适法统一性不可须臾忽视，应当纳入制度建构视野使之真正落地。另外，法官不是生活、工作在真空之中，各种人情关系可能会不时影响、干扰司法裁判。强化对于行使审判权力的内生的、事中的监督制约力量，既是帮助法官及时解脱各种关系羁绊的一剂良方，也是切实落实权力制约制度的客观现实需要。因此，对于院、庭长对于案件质量的把关制度，我们不能在改革热情的冲动下因噎废食，予以简单地否定、抛弃；而是有必要运用改革的理性与睿智，正视其合理成分尽取之，瞄准其弊害所在力切之。

基于此，我们在改造既往制度的基础上又推出了“专家法官集体研判疑难复杂案件制度”，或者简称“专家法官会诊疑难杂症案件制度”。该项制度保留了院、庭长以专家法官身份把关疑难复杂案件审判质量的合理内核，将院、庭长的审判管理权与审判监督权溶入其中；又通过“严格界定讨论案件范围”（主要限于研讨法律适用统一性问题），以及程序上“必须由三人以上集体会诊”，“讨论过程必须全程记录留痕”，以及“依法实行利害关系回避”等措施，坚决剔除了以往可能发生的各种弊害。关于该项制度的名称，也有三点理由：一是在前述资深法官基础上，专家法官之谓能够体现审判能力水平上的层次性和权威性。二是专家会诊疑难杂症是各大医院的通行制度，其治病救人的主旨属于社会常识。基于法院与医院工作职能上的某些相似同理性，彼此借用常识道理，有利于社会接受认知。三是日常生活中可见不少县级医院里也挂出各种专家门诊，并不苛求所称专家的知名范围，故在不同审级的法院里推出专家会诊制，不必产生自诩为专家乃沽名钓誉的顾虑，而是坚持瞄准确保案件审判质量的本质。因此，自2014年11月至今，闵行法院严格按相关规程由院长或分管院长召集专家法官会议14次，对19件独任法官或合议庭认为一时难以定夺的疑难杂症案件，或者院、庭长认为有必要运用集体智慧把关的少数案件，适时进行了集体会诊，从而在制度规范层面上进一步保证了疑难杂症案件的审判质量。

三、讲究改革成效，应当防止急于求成

习近平总书记最近指出，推进司法体制改革，应当坚持以提高司法公信力为根本尺度。从法院工作实际看，如何有效提升案件的裁判水平和法官的裁判能力，既是提高司法公信力的关键环节，也是推进法院工作的重点与难点所在。具体地说，在制约法官裁判水平和能力的各种因素中，法官职业技能知识体系的缺失，应当是目前最为突出的问题之一。即法官应当如何开庭，如何解释法律、如何适用法律，以及如何制作裁判文书等实务操作技能，迄今还未形成系统、完整的方法论知识体系，更谈不上法官在担纲审判职责之前已经做到训练有素。此情就好比只有基础医学而没有临床学一样，专业知识体系的缺失，必然掣肘整体专业水平与能力的发展。从具体建构层面说，由于大学教授通常并不具有丰富的审判实践经验，法官个体对于构建完整的职业技能知识体

系往往显得力量单薄或力不从心；所以，在法院内部确定由审判委员会这一强有力的审判组织来担当相关使命，可谓是恰逢其时，亦责无旁贷。

为此，闵行法院审委会在明确讨论案件范围、适当限缩案件讨论职能的同时，将主要精力调整为总结审判经验、“提炼、总结、推广类案裁判方法”上来。之所以强调类案裁判方法的重要性，主要基于两点考虑：一是类案是评判司法裁判公正性的基本对象或主要载体。事实上，近年来社会公众、舆论拿“同案不同判”来质疑、诟病司法裁判公正性的现象，可谓时有所见。加强类案裁判标准、方法的统一性，是人民法院加强自身专业能力建设的重要路径。二是类案是法律方法论与审判实践之间的重要联接支点。确切地说，近年来法律方法论的研究已有长足进步，但对审判实践的推进作用还不够明显。究其原委，理论形态的方法论尚缺少类案裁判上的具体嫁接与支持，无疑是重要原因之一。不妨设想，如果我们审理的各类案件都有裁判方法论上的有力支撑，亦即目前散见于法官个体的审判经验均分门别类地提炼成系统、完整的方法论，且内化为法官群体的普遍智慧的话，毋庸置疑，司法裁判的公正性与公信力均可借此大大提升。

自 2014 年 11 月以来，闵行法院审委会已经讨论、通过各审判业务庭提交的“类案裁判方法”8件次。尽管每次讨论都需要字斟句酌、精细打磨，希冀完成构建类案裁判方法论的任务，可谓路途艰辛、任重道远；但我们坚定地认为，只要看准了的司法改革目标，就不能因为道路坎坷而绕道而行。我们有信心、有责任久久为功、集腋成裘，真正为提升司法的公信力贡献绵薄之力。借用胡适先生的话说，“成功不必在我，功力必不唐捐”。

司法改革应以提升司法公信力为目标

2014 年 9 月，上海市闵行区人民法院（以下简称闵行法院）正式启动司法改革试点工作。一年多来，闵行法院坚持把打造一支职业化、专业化的法官队伍，构建符合审判权运行规律的工作机制，不断提高案件裁判水平和质量作为主要工作目标，先后推出了“资深法官主审重大疑难敏感案件”“专家法官集体研判疑难复杂案件”和“审委会强化审判管理职责”三项工作制度，借此着力提升司法裁判的内在品质，扎实推进司法公信力建设，司法改革试点工作取得了阶段性成效。2015 年 1 ~ 11 月，该院共审结案件 34 848 件、执结案件 10 478 件，审、执结案件数同比上升 11.17%；一线法官人均办结案件 282.32 件，同比上升 9.86%。

一、坚持问题导向，推出资深法官主审重大疑难敏感案件制度

闵行法院一直秉持改革创新精神，自 2000 年启动审判方式改革工作以来，经过十余年的探索，已经形成法官依法独

立裁判、合议庭集体负责的审理模式；院庭长不再审阅、签发裁判文书，并且顺利推行了审判流程管理制度。在本次司法改革过程中，闵行法院首先推出“资深法官主审重大疑难敏感案件”制度，主要解决两个问题：一是立案庭随机分案中未能关注案件的难易程度与法官的办案能力的匹配性，从而影响案件的裁判质量与效率。在以往实行的立案庭采用电脑随机分案机制中，虽然有效防止了人为选案、分案可能产生的徇私舞弊危险，但由于忽略人案匹配性要素，导致一些办案经历较短或者办案能力稍弱的法官在处理某些重大疑难复杂案件时，不可避免地出现了反复开庭却不得要领等现象，以至审判效果不佳。二是在审判管理制度上出现的审判资历越深、行政职务越高，离开办案一线岗位越远，反映出审判人力资源管理欠妥的问题。多年来，不少法官随着审判资历的增长和职务的提升，包括院、庭长在内的许多资深法官，逐渐淡出法庭和办案一线，形成一部分案件事实上交由审判经验尚欠充足的年轻法官担纲主审的局面，由此导致部分案件的裁判结论考虑欠周、裁判效果不够理想。即令是资深法官在幕后参谋、把关的10%左右的少数重大疑难敏感案件，由于讨论过程中通常并不区分事实认定与法律适用问题，导致对于事实问题的判断违背审判规律所要求的亲历性，也与诉讼法上的直接言词原则明显不符，也成为制约裁判公正性的不利因素。

针对上述问题，闵行法院以审判业务庭为单位，根据以往的审判经验和专业特点，将社会影响较大、关系公民重大利益或涉及社会稳定的案件确定为“重大”案件；将事实和法律关系较为复杂、法律适用分歧较大的案件确定为“疑难”案件；将受到社会舆论关注、可能引发群体矛盾和信访风险评估等级较高的案件确定为“敏感”案件；据此，全院共划分出 21 类重大疑难敏感案件。与此同时，闵行法院又以在审判一线的办案资历和经验为依据，确定了 114 名具有一定的法学理论素养，又在审判业务岗位工作 8 年以上的法官为“资深法官”，然后规定包括院、庭长在内的所有资深法官必须承担起“主审”重大疑难敏感案件的工作职责。2015 年 1 ~ 11 月，闵行法院 5 名正副院长共主审结案 71 件、39 名正副庭长共主审结案 2603 件，并定期向全院公布，既起到了领导、骨干带头办案的示范作用，也加强了重大疑难敏感案件的审判力量，有助于提升审判质效。

在制定、实施该项制度中，考虑到审判重大疑难敏感案件是培养和锻炼法官审判能力的重要路径，该院还规定凡是资深法官以合议制形式审理重大疑难敏感案件时，合议庭成员必须包括一名年轻法官和一名人民陪审员，从而形成以老带新的审判经验传承模式。人民陪审员参与审理重大疑难敏感案件，也使司法的民主性得到充分彰显。

二、坚持审判质量第一观念，建立专家法官集体研判疑难复杂案件制度

在推进本轮司法改革过程中，社会舆论普遍关注“司法去行政化”，强调“司法裁判的亲历性”和“让审理者裁判，由裁判者负责”的司法特性。在此背景下，闵行法院对于已经实行多年的院、庭长对案件质量的把关制度进行了改革完善，推出“专家法官集体研判疑难复杂案件”制度。该项制度主要解决三个问题：第一，切实保证“疑难杂症”案件的审判质量。即使是资深法官或合议庭主审案件，也会遇到某些新类型或疑难复杂的问题，也即疑难杂症案件，一时难以定夺。对此，必须本着实事求是的精神，以确保案件审判质量为宗旨，通过集思广益，保证每一个案件得到公正裁判。第二，关注法律适用统一性，由此体现司法裁判的公正性。在司法裁判中，强调法官独立思考、公正裁判是必要的。但是，在依法行使司法裁判权的独立性与公正性的关系上，闵行法院认为前者是手段，后者是目的；前者不能代替后者。不仅如此，司法公正性主要是通过司法裁判的一致性来体现的，实践中必须关注不同法官、不同合议庭和不同审判庭之间对于相同或相似案件裁判的适法统一性。如果完全放任法

官各自独立裁判，势必发生不同法官基于对相同事物的不同理解而作出不同的裁判，最终必然损及司法的公正性。第三，关注司法廉洁性，有效防范关系案、人情案的严重危害性。在影响司法公信力的各种因素中，关系案、人情案、金钱案具有极大的危害性，必须在审判机制上进行有效布防。实践证明，单纯依靠审判事后监督，难以起到良好的遏制效果。只有在发现风吹草动之时，及时进行事中干预，才能切实防范、不至造成负面社会影响。因此，在推进司法改革中，改革、完善院、庭长的审判管理与监督职权，也是必须直面的问题。

闵行法院在资深法官基础上，选择以院、庭长为主体的业务高手组成60余人的专家法官团队，采用“专家会诊”的方式把脉疑难杂症案件。该项制度既褪去了以往院、庭长把关案件的行政色彩，也用“专家会诊疑难杂症案件”的常识称谓，便于消除社会疑虑。为了切实防止院、庭长利用行政权力干预法官依法独立行使审判权的弊端，闵行法院特别设置了三项程序性规范，保证该项制度正确运行。一是明确限定讨论案件的范围。专家法官会议讨论和研判的对象，只限于因案件疑难复杂和类型新颖等引发的法律适用和政策把握不统一的问题，重点解决法律适用的系统协调性和价值目的性等实践难题。对于需要亲历庭审才能作出准确判断的案件事实问题，明确排除于专家研判的范围，以遵循司法规律。

二是强调集体研判案件。针对过去院、庭长个别过问案件可能存在的不当干预法官办案的问题，该项制度特别强调专家法官会议必须有院长、庭长、副庭长三名以上的专家法官参与时才能召开。通过专业范围内行家里手间的摆事实、讲道理，形成相互制约，排除个人意见可能产生的不当影响。对于集体讨论形成的结论和建议，即使是院、庭长的主导意见，也仅具有咨询性；是否采纳，主要由负责审理案件的主审法官或合议庭自行决定。三是注重操作规范。该项制度明确规定了会议启动、会前筹备、议事规则等多项操作规程，除要求“必须由三人以上集体会诊”之外，还规定“讨论过程必须全程记录留痕”以及“依法实行利害关系回避”等，以便于落实司法责任，保障程序正当性。

2015 年，闵行法院召开专家法官会议 18 次，对 20 余件法官难以定夺的疑难杂症案件进行了集体研判。除一件案件的研判结论不被主审法官接受，然后提交审委会讨论决定之外，其余意见均因说理充分被主审法官或合议庭采纳。与以往的审判长联席会议比较，专家法官会议因人员精专大大提高了讨论的质量和效率。相较于审委会讨论案件，专家法官会议因吸纳各个审判业务庭非审委会委员的骨干参与，既有利于培养专家型法官，及时解决争议问题；也相对审委会而言节约审判资源。

在推进改革的思路与方法上，该项制度对于过去的院、庭长把关案件质量制度并未全盘否定、推倒重来，而是采取兴利除弊的方针，保留其正面功能，革除其隐患弊端，从而保证了司法改革举措的平稳实施。

三、找准改进目标，切实强化审委会的审判管理职责

在开展司法改革试点过程中，各地法院均着力限缩了审委会讨论案件的范围和数量。在此情境下，审委会的正当功能必须得到充分说明；否则，其存在的必要性自然会倍受怀疑。为此，闵行法院提出“审委会强化审判管理职责”制度，即将审委会的主要功能由个案讨论转变为宏观的审判管理功能。该制度具体瞄准法院队伍建设、审判工作机制与案件质量管控等目标，充分发挥审委会成员的专业集群优势，实行民主集中制管理。根据该院工作实际，目前审委会主要履行以下审判管理职责：

1. 讨论重大案件，确保司法裁判的公正性。审委会除依法讨论应当提交讨论的案件外，对于经专家法官会议讨论仍然存在法律适用分歧，或者相关法律适用问题具有普遍指导意义，以及处理结果可能产生重大社会影响或容易引起矛盾激化的案件，也可以提交讨论，目的是确保司法裁判的公平、公正性。

2. 及时总结审判经验，提炼类案裁判方法。针对现职法

官普遍缺少具体办案职业技能专门训练的实际情况，该院将“审委会提炼总结推广审判经验及类案裁判方法”作为近期的主要工作事项。该院规定各审判业务庭对于本庭审理的各类案件，从庭审如何事实裁剪、解释法律、适用法律，以及制作裁判文书等具体办案过程中总结经验、提炼方法、制定规则，将散见于法官个体的审判经验均分门别类地提炼成系统、完整的办案方法论。审委会对类案中具有代表性、示范性的问题进行 2 ~ 4 次地深入研讨，通过裁判思路描述、基本要点提炼、主要步骤表述三个方面来归纳裁判方法，强化审委会对主审法官、合议庭审判业务的宏观指导功能。2015 年，该院审委会已讨论通过涉及刑事、民事、商事等多个专业领域的“类案裁判方法”11 件（次），并编发《审判委员会类案裁判方法通报》，供该院法官参酌使用。

3. 加强对审判工作的管理，推动法院管理不断完善。该院审委会除总结本院具有全局性、指导性的审判工作规范和新类型案件的审判经验之外，还定期听取各审判业务庭的工作汇报，研究、分析审判运行态势，决定审判管理和审判方式改革的重要问题。此外，审委会还具有对办案差错进行责任追究、通报审委会工作情况等其他管理职能。2015 年该院共编发《审判委员会通报》《审判监督专报》以及《审判管理情况通报》等文件 30 余期。

四级法院审级职能定位改革探讨

2021年9月27日，最高人民法院发布《关于完善四级法院审级职能定位改革试点的实施办法》(以下简称《实施办法》)，自2021年10月1日起施行。如何使审级职能改革符合人民法院高质量发展目标，契合审判运行规律，又协调有序推进，略谈几点思考。

一、强化最高人民法院的审判监督与指导职能

由于我国幅员辽阔、人口众多，适逢社会经济处于高速发展阶段，各种社会矛盾纠纷包括新类型案件多发、频发，加之成文法本身无可避免的相对滞后性与不周延性，以及法官队伍的绝对人数较多、素质存在差异等多种因素交织，法律适用的统一性便显得尤为突出与重要。适法统一性是司法公正性的重要体现，最高人民法院理所当然地应当承担起主要职责。

司法审判应当服务、服从于党和国家的大政方针、社会经济发展大局，讲求政治、法律与社会效果的有机统一。由

于法律的相对稳定性与政策的原则灵活性，适时的政策指导作用，在司法实践中具有重要意义；不仅有利于明确裁判方向或价值取向，而且有助于提升司法的公信力。对此，最高人民法院亦责无旁贷。

履行适法统一与政策指导职责，相应地履职能力及保障措施是必须考量的因素。就目前情况来看，有必要关注以下几点：

1. 从事审判指导的法官，应当具有扎实的法理功底和相当的审判实践经验。亦即审判指导必须坚持理论与实践相结合，应然性与实操性相融通。从工作制度和审判程序上作出明确规范，保证从事审判指导的法官每年审判覆盖全国范围的一定数量的典型案件，既是提升审判指导能力的客观需要，也是实施有针对性指导的具体方法；借此防止审判指导内容泛化或脱离实际两种偏向。

2. 审判指导力量适宜相对集中，以保证指导意见始终体现最高水准。审判指导意见是最高人民法院法官集体智慧的产物，而非个别专家的见解；因此，对于相同或类似的问题，不宜分别或分散进行指导，尽力避免一时一隅的局限性，甚至相互冲突性；而应在充分了解案件或争议问题、全面听取地方法院分歧意见的基础上，形成集体研判意见，确保指导的权威性和有效性。

3. 为了强化审判指导效果，上下级法院内设的各审判业务庭应当尽量保持职能上的对应性，以利讯息上传下达通畅，减少折转过程中的信息流失或耽搁。审判业务庭宜按专业分设，减少平行审判业务庭之间的专业重合或重叠，这样既可最大限度地形成专业力量优势，也便利下级法院径直对应衔接，从而产生最佳工作效能。

4. 审判指导的重点既可以是待决案件的统一裁判尺度，也可以是已决的冲突裁判的协调方案；尤其是不同辖区业已生效的冲突裁判，宜由最高人民法院统一规范。如近期针对职业打假行为是否构成敲诈勒索罪，地方上赫然存在有罪与无罪两种生效判决，亟待最高人民法院发出权威的定夺声音。此外，哪些案件必须适用全国统一的裁判标准，哪些案件适合授权地方法院制定差异化的裁判规则，也需要最高人民法院明晰相关边际以及操作规范。

二、充分发挥高级人民法院审判大要案的职能优势

能否将高级人民法院的主要审判职责定位于再审纠错？不妨从以下三个角度进行讨论：

从申请再审案件现状分析，绝大多数当事人系以二审法院认定事实错误为由申请再审，以适用法律或审判程序不当为由的申请者相对较少，且近年来申请再审案件量增加很快、

驳回率一直在90%以上。由此可见，再审诉讼多以事实审理为重心。然而，就一般情形来说，事实以证据为支撑，诉讼时间越长，证据受污染的可能性越大；当事人对于事实的认知，越是趋向于思维固化；由此导致法官再审查明事实的难度增大，说服当事人改变认识立场的概率降低，经由再审裁判促使当事人息诉罢访的目标，很难符合预期。

从审级制度视域审视，域外确有较多国家实行三审终审制；但通常将事实审与法律审区分开来。亦即一审法院着重查明事实、固定证据，上诉法院侧重审理法律适用争议。这是符合认识和诉讼规律的，即距离诉争事实越近，越利于收集固定证据；初始证据受污染程度较低，一审查明案件事实的时机最好、效果最佳。反之，诉讼时间越长，效果大多趋向不利。就法律适用问题来说，倒是真理越辩越明，分立二审、三审制不断聚焦争点，有利于揭示法律真义，功效只会日臻凸显。我国的诉讼制度奠基于事实、法律问题全面审理，故以二审终审为取向。倘若忽略中外诉讼制度的结构特点，简单借鉴、套用三审终审制，将高院职能演绎嫁接过去，其效果可想而知、未必适宜。

从再审案件效果预判，各高级人民法院通常具有一定规模或体量，如果将主要审判精力置于再审纠错，则可能出现两种情况：要么大量改判，从而意味着一审、二审法官普遍存在认定事实粗疏或错误，无助于树立司法权威和公信力；要么大量维持原判，又意味着审判程序空转，司法资源存在浪费之虞。久而久之，法官的审判能力也会陷于耗弱窘境。

从实际情况看，高院乃至最高人民法院保留再审纠错功能是必要的，因为确有极少数案件的证据需要经过一定的时空条件或技术手段才能被发现或收集；保留纠错渠道，是坚持有错必纠的正义观念的制度保障；相反，大量纠错无疑预示着制度本身或者实操过程存在严重缺陷。减少申请再审案件数量，出路在于强化一审、二审案件的审判质量。

高级人民法院的主要审判职责，适合置于审判重大疑难复杂案件。在大标的民商事案件和部分行政诉讼案件划归基层法院审理的背景下，可否借鉴刑事审判经验，将特定类别的疑难复杂案件指定或归口中级法院一审，再由高级法院二审，即保持高级法院对大要案的终审职能。例如，走私、证券及具有较大影响的职务犯罪案件等，现均由中院一审，皆属于此类例证。目前《实施办法》也规定了“特殊类型案件”提级管辖机制，以优化高级和最高法院审理案件的结构。总体来说，提审机制调整的个案指向比较明显，尚难以达到一定的数量规模，满足高级法院相关审判庭之饱和工作量的需求。与刑事审判一样，民商事、行政审判领域也有部分重大疑难复杂案件；为了确保审判质量，将其设置为中、高级法院的主要审判职责，可谓深化审级职能改革的应然方向。

从人案资源优化配置角度检视，高级人民法院的职能定位有必要关注以下三点：

一是人案资源优化配置应以人案适配为要点。人的年资有深浅、能力有大小，人力资源的动态变化特征及其个体差异性应当得到尊重。审判管理不宜适用整齐划一的质效考核标准，将各有所长的审判人员，分门别类地安排到合适的岗位、发挥应有的作用，实现整体效能最大化，才是值得思量、擘画的审判管理方案；换言之，努力达成人尽其才、人人尽责的管理目标或效果，才是人力资源优化配置的最佳境界。地方三级法院的人力、行政资源不尽相同，高院普遍处于俱优位置，理当承担与之相称的重任与责任。

二是人案资源优化配置应以调整案件为主，调动人员为辅；因为划案容易调人难。随着大标的民商事案件等批量下沉，高院乃至中院法官成批调入基层法院的可能性不大，故准确界定重大疑难复杂案件范围，统一归口中院、高院分级审理，才是实现人案资源动态平衡的可选方案。如果下沉明显而向上流转不足，则可能形成上下忙闲不均的明显弊端。

三是人案资源优化配置应以为基层法院减负为取向。80%的审判任务已经落在基层，倘若再行加码，势必会加剧本已突出的人案矛盾。《实施办法》充分体谅基层法院的不易，一并设计了适当增加人员编制的纾困方案。不可忽略的是，人员编制与办案场地等配套保障措施如影随形，本该一并落地；而实际进程往往参差不齐、必须假以时日；但凡新手上任，无一例外地还需经历磨练过程。诸如此类复杂因素，高级法院都有必要研判在先、形成细化施工方案。眼下可以考虑的措施，即放下去与提上来的案件总量至少保持相当水平，使为基层法院减负的号召可感可知、化为实际的行动与举措。

当然，高级法院还负有辖区内的审判指导职责。因基层法官惯于倚重最高人民法院及其司法解释，故高院必须加强审判指导水平和能力建设，不断提升业务指导的权威性和有效性。因为，好的指导可以提升整体的裁判水平；差的指导则可能酿成普遍的裁判错误。

三、着力提升基层、中级人民法院的审判质量

审判质量是司法裁判的生命线，相关改革应以提升审判质量为指针，决不能以牺牲审判质量为代价。在高度关注审判效率的背景下，此点尤为重要。剖析近年来申请再审案件持续增多的复杂成因，强化一审裁判认定事实的正确性与稳定性，既是审判职责使然，也是破解突出问题的关键。

1. 认定事实应以充分抗辩为基础。两造相讼，虽然双方

当事人均亲历诉争事实，但囿于利益驱动或认识角度的不同，单方陈述及举证往往具有一定程度的局限性。只有经过法庭上的充分举证、质证及抗辩，双方才会逐步了解对方的立场与理据，形成对诉争事实相对客观、完整的认知与判断。法官正是基于双方陈述及证明的共同点与差异性，逐一阐述取舍，着重阐明不予采信的依据，进而实现居中裁判。

稍有遗憾的是，当下由于法官普遍面临案多人少及审判效率考核的巨大压力，法庭上的充分抗辩及悉心听讼正在成为日渐升高的稀缺资源。尽管法官基于双方的证据认定案件事实，但因缺失充分抗辩过程，当事人依然立于各自立场确信事实，进而不愿接受与自我认知有差异的司法裁判，尽管法官立于公正立场而决断。可见，充分抗辩基础上的相互影响与改变，并非可有可无的诉讼过程，而是双方当事人达成和解、实质解纷的必要土壤；端坐法庭之上，法官适宜平衡双方力量、引导充分表达；而不可急于收官、以足以下判为归宿。

2. 加强收集、运用证据能力训练刻不容缓。由于法学院专业设置原因，曾主修证据法的法官并不多见，造成实践中的知识短板现象比较明显。如言词证据与实物证据各有哪些优劣，鉴真、印证规则如何把握，各自证据链条如何构建；谎言通常具有哪些特点，如何进行有效识别等，从认知到实操，目前很有必要进行在岗强化训练。另外，证据规则本身也需要在实践中不断发展。例如，对只有“一对一”言词证据的隐私案件来说，是否只能适用孤证不足以定案的常规？从保护被害人视角着眼，其陈述大多指向被告人的侵害行为过程，但法官应当清楚：侵害行为皆发生在特定时空之中，通常会引起特定环境发生某些改变；若深入其中观察比对，符合行为态势的环境证据是否也对孤立的被害人陈述形成鉴真、印证效力？被告人亲历罪行，却无力指出被害人陈述的任何破绽，自行辩解也缺乏具体佐证，如能否对被害人陈述构成反面印证？简言之，伴随信息社会及犯罪态样的迅速变化，证据规则也有进一步发展、完善的广阔空间。

3. 认定事实宜强调法官公开心证内容。事实是由证据写就的，证据会随着时间流逝而改变。把孤立、零散的证据串联成完整闭合的证据链条的，往往是法官的内心确认过程；包括法律逻辑、生活常识与办案经验等。内心确认内容具有较强的主观性，却是串珠成链的中枢神经。时间不会自动记录内心确认过程，只会悄然抹平曾经的记忆。所以，及时充分、直观有效地呈现内心确认过程，才是赋予证据链条完整性和稳定性的不二法门；反之，临时拼凑有序的证据链条，随时都会面临证据被个别剥离、再任性发挥的变异危险。因为任何单一证据置于不同时空很可能使人产生不同的看法；

只有串连成体、相互印证，才有望保持其历史的特征或原貌。公开内心确认，虽难必行。

除了法律技术支持，提升审判质量还有赖于工作机制保障。如切实有效的繁简分流，充分体现集体智慧的专家会诊，以及类案检索、参酌机制等。改革试点伊始，针对下沉基层法院的大标的案件等，强化高、中院的分类指导可谓至关重要；因为原先由中院一审的案件，大多属于“繁案”类型，如果功力不逮，恐怕难以胜任审判职责。对此，可以由高、中院定期释疑解惑，也可以指定专人负责随机答疑，还可以选派有经验的法官到基层法院挂职锻炼，专门带教审判力量。概言之，审判指导方式可以灵活多样，下沉案件的审判质量，务必纳入相关法院的重要议事日程，得到切实保证。

四、进一步提升专门法院的改革集成功效

专门法院集中人力、物力、财力和案件资源，使专业审判优势、社会影响力和公众认同感均大为增强，知识产权、海事、金融法院等，概莫如此。同时值得关注三个问题：一是长此以往，法官的专业知识面，可能变得日渐狭窄；二是同类案件（如同样具有财产属性的民事买卖与知识产权转让合同纠纷案件等）的裁判尺度，可能产生失衡现象；三是不知不觉的专业壁垒，容易造成人力资源的碎片化。化解过度

专业化问题，集约、集成利用或许是有效的解决方法或路径。

1. 充分利用专业流变性，既可拆除专业法官知识面狭窄之门，也可以缓解人力资源短缺与过剩并存之痛。专门法院应社会经济发展需要而生，以集中资源优势做强专业审判功能为道。放眼长远，专业领域的前沿问题总是不断翻新，保持专业队伍的稳定性持续攻坚夺隘是必要的；与此同时，随着认识深入、掌握规律，部分前沿尖端难题也会因攻克而流变为通识知识。通识意味着专业范围内皆可掌握与运用。恰如疟疾肆虐之初严重危及人类生命，而今普通医生也能问诊施治。在审判领域，无论是知识产权、金融、国际商事纠纷案件，还是正在勃兴的破产审判等，皆有经历探索之后而流变为通识的类案，即审判重点难点明了，裁判规则明晰管用。对此，交由其他民商事法官审理，并无大碍可虑。相反，倘若恪守专业畛域，则犹如顶尖病毒专家大量医治疟疾病患，只能谓之资源浪费，甚至拖累新的攻关进程。

于是，打破现存的专业壁垒，让“通识类案”流转起来，既可以在不同业务庭收案量不平衡时削峰填谷，解决人力资源紧缺与过剩同时发生的阵痛；也可以促进多个专业方向的法官之间加强知识交流与复合，更好地提升办案水平和能力。

2. 整合、集约利用优势资源，可以做成专门法院的功能溢出效应。做强专业审判功能，无疑需要立、审、执流程配套，党、政、工、团组织全面协力。高质高效源于整体协调运行，既有法院内部各部门的作用发挥，也有法院系统的相互配合与支持。那么，专门法院的组织机构究竟如何设置，才能真正实现最佳构建？如果考虑审判功能相对单一，简化设置综合性的职能部门，实际运行中则容易产生协力不够的问题。譬如，法警配置少了，其日常值岗与常规的体能技能训练就时常难以兼顾，进而影响安全保障效果。如果参照上级或其他法院组建，又可能滋生审辅司法行政人员比例失调、辅助保障人员冗余的麻烦，且行政成本支出势必增大。鉴于此，将多个专门法院集中起来，法院名称不变，功能各有侧重，但党务、行政、人力资源及审执配套机构统一配置、管理，俗称“多块牌子一套班子”，这样既可以形成专业审判功能优势，又可以借助集约利用优点，消解分散独立设置的种种负担，故不妨作为增设各种专门法院时的一种参考方案。

从整合利用视野看，专门法院还可在改革探索中作出功能溢出效应。例如，外国法查明、域外经典与自身精品案例翻译，筹办国际研讨会及外文官网，制作专题微讲座、法宣微视频、微电影等，这些添砖加瓦的务实拓展项目，仅靠单薄力量是很难操持或完成的；但在人才荟萃的整合体内，则便于组成实力团队，并在不断精进中越做越强。其工作成效不仅可以助推对外传播，也可以真切反哺审判功能；法官自身的潜能与价值，也会因步入更高平台、得到更好地释放与发挥。约言之，以改革创新思维全面谋划专门法院的发展，其前景可期，亦大有可为。

推进以审判为中心诉讼制度改革的思考

党的十八届四中全会确定了推进以审判为中心的诉讼制度改革的重大任务。我国刑事司法理论与实务界积极响应，进行了大量的理论阐述与实践探索。现就深入推进相关改革涉及的几个基础性问题，谈几点个人见解。

一、关于改革重心的厘定

许多同志提出，以审判为中心的诉讼制度改革，主要是针对过去“以侦查为中心”的办案实践提出的。在改革背景下，就是要调整重心，从诉讼制度和机制上，突出审判活动的中心地位，尤其是强化庭审功能对于起诉、侦查活动的审查把关作用，由此“倒逼”侦查人员规范取证，提高办案质效，防止冤假错案发生。进一步说，以审判为中心的实质，就是强调以庭审活动为中心，推进庭审实质化改革。

笔者认为，推进以审判为中心的诉讼制度改革，应当抓住两个重点：一是严格规范侦查取证行为；二是加强审判活动的实质性审查把关作用。二者应当一并重视、同步实施。

主要理由在于：

首先，从改革目标看，要达成提高办案质效、防止冤错案件的目的，源头治理至关重要。如果只是强调审判环节的审查把关作用，其功效可能主要归于落实人权保障机能，防止证据不实，抑或包含非法证据的案件得以过关。对于实践中的那些确实存在犯罪事实、但又伴随各种证据问题的案件，则仍然可能陷于棘手难解的困境，即既因时过境迁而补证无门，又因确信有罪而定放两难。易言之，只有从源头上加强规范、完整地搜集证据，并适时跟进起诉、审判环节的递进把关功能，做到双管齐下、两面出击，才能使我国刑事诉讼法所要求的打击犯罪与保障人权的双重职能，得以落地生根、完整实现。

其次，从改革效果评估，倘若将改革重心简单置于审判环节，寄望通过强化庭审效果达到规范诉讼全程的目的，则有必要检视两个事实：一是要将个案的裁判功效传导到侦查前端，引导侦查人员规范取证，这一过程往往耗时较长，并且通常需要个案效能累积到一定程度，才可能产生启动相关规范机制的功效。二是既往的经验表明，在这种“倒逼”机制下，前端侦查人员的态度经常是消极的、被动的，日常的规范效果似乎并不理想，不能满足人们对侦查行为的殷切期待。一言以蔽之，与其选择继续“倒逼”路径，不如直面问题、径行加以规范。

最后，从操作层面考量，瞄准公、检、法办案全程，制定统一适用的刑事证据标准，再造办案流程，不仅效果可期，而且切实可行。反思冤错案件发生的复杂原因，其中之一就是我们长期适用的“事实清楚，证据确实、充分”的“证明标准”显得相对原则、概括，致使公、检、法办案人员在实际理解、掌握上各有所持、标准不一，缺少统一遵循。如何化抽象为具体，在实质性证明标准的基础上，从具体类案中总结、提炼出具有普适性的、具象的“证据标准”，使证据标准与证明标准相互依存、各有侧重，实现形式与实质标准的有机结合，便于实际操作、把握，这是实现源头规范治理的基本思路和重要路径。

或许有人会问，公、检、法三机关能够适用统一的证据标准吗？假如在侦查源头就能够适用或达到统一的证据标准，是否意味着公、检、法三机关的职能可以整合归一呢？其实，统一适用的证据标准，主要是指目标和方向上的统一或一致，并不影响实现目标过程中各自角色和职能的分担，以及不同诉讼阶段对于案件事实认识程度地不断深入和进展。具体地说，公、检、法三机关共同承担着打击犯罪与保障人权的双重职责：既要使无罪的人不受刑事追究，又要使有罪的人受到公正惩罚。对于此目标，决不能各行其是。聚焦犯罪本体来说，尽管犯罪现象林林总总，但各种犯罪必有共同的犯罪本质；各类犯罪必有相同的主客观事实特征。从刑事证据角度说，规制每一个犯罪行为，必以形成一条完整闭合的证据链条为依据。正是由此证据链条串联起来的犯罪构成与量刑事实及其相应证据，构筑起制定统一证据标准的基本框架和主干内容。至于个案间无可避免的一些细微差异或者我们归纳、预见的不及之处，适时留下一定的开放空间予以兜底收容即可。简言之，制定统一适用的刑事证据标准，在功能需求上具有客观必要性，在操作技术上具有现实可行性。对于推进以审判为中心的诉讼制度改革而言，意义重大且不可或缺。

二、关于侦审职能的定位

在各种学术研讨中，一般认为侦查、起诉都是审判活动的准备环节，庭审（开庭审理）才是对定罪量刑起决定性作用的诉讼活动，因而倡导“事实证据调查在法庭，定罪量刑辩论在法庭，判决结果形成在法庭”。法官对于庭审前形成的案件事实证据材料，应当保持隔离，防止形成“预断”。② 在实际操作中，有的同志主张由法官助理主持召开庭前会议及

② 陈光中：《推进以审判为中心改革的几个问题》，载《人民法院报》2015 年 1 月 21 日，第 3 版。

证据交换，避免主审法官在庭审前接触证据，影响中立听讼和居中裁判。

笔者感到，上述通说见解或主张虽然言之成理，但主要是立于英美法系国家实行的控辩对抗式诉讼模式而立论。我国刑事诉讼中也借鉴、引入了不少控辩对抗式因素，但毕竟与英美模式不可等同视之。倘若要求我们的法官不问案件难易，现在手持一纸起诉书就坐堂问案，并当庭下判，则无异于强人所难。因此，推进庭审实质化改革，必须注重从我国审判的实际需要出发，切不可邯郸学步，有意无意地陷入照搬照套的窠臼之中。

第一，从案件现状和审判效率角度看，我们不可能选择“旷日持久”的审理模式。英美国家实行起诉书一本主义，法官确实是在审前与卷证隔离，主要依靠在法庭上听诉来审理案件。其基本特征就是庭审耗时冗长，动辄持续多日，甚至数周、数月乃至数年才能结案。正是针对诉讼拖延的流弊，英美才有“迟到的公正非公正”的法谚流行。我们在面临案件爆发式增长的当下，显然不适宜选择普遍延长庭审时间的改革思路，哪怕是针对繁简分流后只占 15% ~ 20% 的疑难复杂案件，一案持续数周、数月的庭审，目前还是难以想象如何承担。换言之，在相对有限的诉讼资源和时空条件下，希冀控辩双方在法庭上能够（针对疑难复杂案件）清晰、完整地举证、质证，已实属不易。即使控辩双方能够尽职尽责，将浩繁的卷证材料逐一呈现在法庭之上，进而要求法官必须当庭认证，即时进行综合判断，并当庭作出裁判，则只能坦言这是不切实际的设想。

第二，从审理方式和审判效果方面分析，英美法系国家普遍实行传闻证据排除规则，与大陆法系国家奉行的“直接、言词审理原则”旨趣相当，即要求法官必须亲历庭审，直接接触所有证据（尤其是原始证据），聆听所有证人的当庭陈述（尤其是每个证人接受交叉询问的答辩），然后依据自由心证原则作出裁判③。这种审理方式无疑具有许多优点，但通常耗时较长，消耗社会资源较多，由此衍生的“司法昂贵”以及法庭沦为“诉讼竞技场域”的弊端，也广受社会诟病。特定审理方式根植于特定社会制度的土壤之上。英美法官的超然态度以及置重于法庭听诉的外在表现，不能不说是与“三权分立”的基本政治制度鼻息相通、血脉相连。

我国宪法确定的公、检、法三机关的职能定位是“分工负责、相互配合、互相制约”，其精髓就在于：在打击犯罪上必须形成合力，在防错纠错上必须讲究制约。况且，就查明案件事实真相来说，初始证据无疑受污染最少，证明效力

③ 张保生主编：《人民法院统一证据规定》，中国政法大学出版社 2008 年版，第 166 ~ 168 页。

相对较高。到了法庭之上，当事人为了自身利益，通常会表现出“重塑案件事实”的倾向性。即使没有利害关系的证人，出于趋利避害的动机，也时常表现出逃避作证义务的各种改变。也就是说，提交到法庭上的证据（包括证人当庭证言），未必就是证明效力更高；端坐在法庭上的法官，未必就有更高、更强的洞察能力，能够通过庭审程序透视所有问题。我们无疑应当放眼世界、师人所长，但绝不能忘却自己、把他人当作唯一正确的偶像来膜拜。鉴于此，立足于公、检、法三机关的法定职责定位，直面实际问题，注重在运行制度、机制上加以改革完善，这不仅是我们的制度优势所在，而且是完全可以期待的更优路径选择。

第三，从认识论和方法论层面讨论，侦查、起诉、审判是查明案件事实、厘清法律责任的一个完整认识、判断过程。其功能就是去粗取精、去伪存真、由浅入深、由表及里，力求达到最为接近案件客观真实的认识结果（因事后回溯一般不能完全重复、再现案件事实）。因此，侦查、起诉与审判的关系，都是完整认识过程中不可或缺的环节，不宜简单地描述为前者是后者的准备环节，后者居于核心地位。正是这种貌似正确而实有偏颇的观念，很容易带来实际操作上的梗阻或困难。例如，有的同志强调所有的证据，必须拿到法庭上经由逐一地举证、质证，方可视为合法有效。事实上，证据有种类和证明力大小之分，庭审举证方式并非只有“一证一示”一种形态。对于不少案件来说，通过庭前会议的证据开示，我们通常可以做到归纳、整理争议焦点。这就意味着对于没有争议的事实、证据，已经一并进行梳理与固定。到了法庭之上，对于没有争议的部分，只需要概括示证说明、予以确认即可。这一充分体现司法公正与效率价值的实践经验，却并不符合上述关于所有证据必须逐一过堂的要求。由此可见，在推进庭审实质化过程中，刻意隔离侦审关系，单纯强调或突出庭审功能的尝试或举措，其实并无真正补益。相反，坦荡接受侦查、起诉与审判作为查明案件事实的一个完整认识过程的观念，则可以顺理成章地形成如下认知：对于前一阶段的认识成果（如已经印证查实的案件事实），后一环节完全可以承继，而没有必要从头再来（英美法庭并非如此，而是所有证人及证据必须从头回溯，力求再现案情，以便法官形成内心确信）。后一阶段的进一步查证，一定是在前面认识基础上的拾遗补缺与认识深化，而绝非简单的重复。这不仅符合审判效率原则，而且通过突出审判重点，更加有利于实现司法公正。

三、关于庭审实质化重点的展开

毋庸讳言，庭审实质化是相对于以往存在的“庭审走过场”弊端提出的。庭审实质化应当解决的主要问题，就是克服法官过分依赖案件卷宗材料定案的“卷证中心主义”偏向。如前所述，我们改革的方向，不是完全抛弃庭前卷证材料的效力，彻底贯彻直接、言词审理原则；而是要兴利除弊、择善而从，探索、建立中国特色的刑事诉讼审判模式。那么，哪些情况下可以采信卷证材料，什么时候必须适用直接和言词审理方式？现结合几项具体的证据规则，分别作些粗略讨论。

一是非法证据排除规则。言及非法证据，人们很容易产生必须排除的念想。加之立法上严格区分非法证据与瑕疵证据，亦似乎强化了“有非必排”的观念。但事实并非如此，我国刑事证据法确立的是强制排除与酌定排除相结合的排非规则（多数国外立法例亦大抵相仿）。对于强制排除规则，其锋芒主要指向刑讯逼供或采用暴力、威胁手段等取证现象。实务上应当注意的问题是：既要认真审查暴力、威胁等非法手段行为的真实性，也要仔细甄别其严重程度与嫌疑人“非自愿供述”的因果性。如有的被告人及其辩护人与审讯公安人员在法庭上争论不休，争点仅在于是否拍过嫌疑人后脖颈一掌或踢过腿上一脚，充其量不过是一阵子肌肤之疼而已。本不构成排非对象，却因双方认识有误而展开唇枪舌战。对于酌定排除规则，现行法律规定应当考虑非法取证行为的严重性、损害的法益、采纳该证据对司法公正性的影响等相关因素，综合权衡后作出是否排除的裁决。为了方便适用，我们不妨借鉴国外立法例所确立的两条具体原则予以把握：（1）合适比例原则，即考查违法取证行为的严重程度对于证据真实性的影响，凡是可能导致证据失真的，一律予以排除。如果并不影响证据的真实性，则适用下一原则再作考量。（2）法益权衡原则，即使是真实可靠的证据，还得将取证行为的违法程度（亦即嫌疑人权益的受损程度）与犯罪行为所侵害法益的大小作比较。只有当被害人权益更为重大时，该证据才具有可采性。

另有必要一提的是，我国刑事证据法将非法证据与瑕疵证据区别开来（国外立法例大多作为证据合法性问题一并审查），根据“程序审查优先原则”，被告人及其辩护人无论是在庭审前还是在庭审中，只要有“线索或材料”而提出排非申请的，法庭应当“先行当庭调查”；这就导致非法证据与瑕疵证据在司法实践中分别被纳入排非程序与法庭（事实）调查程序分开审查。如所周知，之所以确立“程序审查优先原则”，就是要保证对于被告人有无刑事责任的实体审理能连续、集中地进行，不受管辖、回避、排非等程序性事项的打扰或中断。而将瑕疵证据的合法性及有无证据资格、能力问题纳入法庭（事实）调查程序审查，似与上述原则精神不尽契合。鉴于此，归并审查同类事项，应当更能体现集中审理原则。

二是传闻证据规则。英美法系国家也称传闻证据排除规则，即指审判中一般不能采纳传闻证据。强调证人应当到庭作证，以保障当事人的对质权。事实上，即令是英美法系国家，这项规则的适用已呈现逐步放宽趋势④。相关立法例通过确定各种例外情形，有条件地允许部分书面证言或证人证言笔录作为证据使用。我国的刑事证据理论与实务界通常主张“关键证人”出庭作证，允许依法收集的书面证言和证人证言笔录作为法院的定案依据。这里有必要关注三个问题：（1）何谓关键证人？从证人范围说，应当包括法律规定的证人、被害人、鉴定人和侦查人员四种对象。从案件类型说，在现场实物证据相对较少，主要依靠言词证据定案的案件中，确定关键证人尤显必要。从认定依据说，应当是相关证言对于定罪量刑具有重大影响，且控辩双方存在重大争议的情形，两个“重大”特征应当同时具备。尤其是对于罪之有无具有重要影响的证人，不惜动用强制手段，也要传召其到庭履行作证义务。（2）关键证人未到庭时如何应对？在司法实践中，开庭时关键证人不见踪影，或生病、称病不能到庭的情况时有所见。为了确保庭审质效，

④ 陈光中主编：《证据法学》（第三版），法律出版社2015年版，第260页。

理当提前有所准备。补救方案之一就是当庭播放相关录音录像。录音录像相对证言笔录的完整、准确性自不待言，其同时具有的鉴真功效，无疑可以适度弥补证人缺席庭审的缺憾。由于录音录像设备已经实现普遍便携使用，现在推进对于关键证人的取证必须同步录音录像并随案移送工作，当是殊为重要亦水到渠成。提前应对方案之二就是对于关键证人的取证务求工于细节；即对时间、地点、人物、事件等叙事要素的问答与查询，均要落于细节之上。凡有概括、模糊之处，也宜追问缘由。亦即透过细微之处，足可评鉴真伪、了然于胸。方案三是要重视言词证据的延伸查询与证据补强，即但凡证人证言叙及的关联人物，能够去核查取证的，就绝不能裹足不前。先供后证的耦合功效，对于构建以言词证据为主体的证据链条来说，往往是屡现奇功、不可须臾怠慢。即使是核查事实不实，也可以直接反证言词证据本身的真伪或缺失。可以说，只要核查，无论正反，必有功效。（3）关键证人的证言发生前后矛盾时如何取舍？一般说来存在两种矛盾情形：一是证人当庭证言与庭前证言笔录发生矛盾；二是未出庭证人提供了相互冲突的庭前证言笔录。对此，有同志主张“当庭证言应当优先采纳”，以鼓励证人出庭作证。依据审判实践经验，对于同一事实出现前后矛盾的两份以上证言，只可能其一为真，抑或均为虚假；并不存在当庭证言一定为真的逻辑。至于究竟如何取舍？证据印证规则是检验证据真实性的常规方法。无论是当庭证言还是庭前证言笔录，原则上讲只有都得到其他证据的相互佐证时，方可予以采信。

三是证据鉴真规则。一般说来，刑事证据可以分为言词证据与实物证据两大类，鉴真规则重在解决证据的真实性问题。英美证据法主要针对实物证据展开鉴真规范，言词证据侧重于经由交叉询问方式求证真实性⑤。我国的情况有所不同，不少言词笔录证据进入法庭，强化全面适用鉴真规则尤显必要。针对实践情况，着重提出三点：（1）已如前述，对于未出庭证人证言笔录来说，当庭播放相应的录音录像资料是当下无可替代的较好鉴真方法之一。这是因为，相对口述，笔录难免会有语言转换问题，如口语体变为书面语，其间就很容易发生语义变化。笔录还必有内容取舍，在不经意间因语言环境改变也容易产生原词原句的语义微变。加之取证人可能会带有特定的倾向性，以至笔录的结果可能会略带微倾。以前法官多靠检验证人的签名和捺印进行鉴真（表示经过证人阅读、完全符合本意），其实大家清楚，一目十行、草率签章的现象大有人在。在播放录音录像条件下，不仅上述语义上的微恙起伏可以得到有效克服，而且证人表

⑤　陈瑞华：《刑事证据法的理论问题》，法律出版社2015年版，第204～207页。

情变化所投射的心理状态，也可以纳入法官的查验视野与考量范围，其助益不可小觑。尤其要说的是，随着人工智能中的“音字转换技术”日臻成熟与推广应用，录音录像内容可以迅速转换成相应的文字内容，根据文字内容又可秒切到对应的音像片段，这为证人证言笔录的当庭鉴真提供了便捷通道，值得重视。（2）对于被告人供述（尤其是翻供）的鉴真，有针对性地连续发问是重要的鉴真方法。常言道，谎言不可能编得天衣无缝，而戳穿的方法就在于连续不断地追问细节。谎言的基本特征有二：一是缺少细节及其逻辑连贯性；二是经常变换说辞。如果能够充分准备，有针对性地循序追问所谓的“事情进展”与“变化原因”，瞬间思维的逻辑缝隙乃至冲突就难免会发生和暴露出来。实践中较为常见的问题是，公诉人的追问往往缺少发掘细节的连续性（大多只准备了基于犯罪构成方面的“大”问题）；法官也不能及时、机敏地切入问题的断裂点，跟踪补充发问。对于被告人的翻供问题，及时播放最初供述的录音录像也是很有必要的。既可起到让被告人与自己“对质”的效果，也有利于法庭之上全面了解被告人的供述情况。毋庸讳言，欲娴熟运用上述鉴真方法，均有赖于职业经验和精心准备。（3）对于实物证据的鉴真，一般说来存在三个重点，即实物证据（含物证、书证、视听资料及电子证据）来源的可靠性、取证的规范性和保管的完善性，以说明法庭上出示的证据与案发时提取、扣押的证据，既具有形体外观上的视觉同一性，也具有实质内容上不曾改变的客观真实性。实践中，法官大多通过出示证据让被告人辨认，或者审查勘验、检查笔录，搜查、提取笔录，扣押清单等方法予以鉴真。必要时也可传召侦查人员、鉴定人到庭作证。但是，对于涉及银行、证券、税务、海关等经济犯罪中较为多见的一类证据材料，如逃税案件中的税务稽查认定书，走私案件中的偷逃海关关税认定书，以及证券、期货犯罪中的相关违法行为认定书等，如何进行鉴真，确实亟待规范。一方面，这些证据系事后出具的具有相当专业内涵的书面意见，但它又不属于社会专门鉴定机构依法出具的鉴定文书。另一方面，它是相关国家行政机关出具且盖有印鉴的公文书，但它并非形成于案件之前或之中，与常规书证也有不同。这类证据在归类上的特殊性，也给鉴真路径带来选择难度。笔者以为，从现实情况出发，将其视为一种特殊书证，应当具有更多合理性。其一，它确实是一种公文书，体现的是相关国家行政机关的管理意志，并非个人的专业见解，个人没有太多阐发、解释余地。其二，现行刑事诉讼法规定的应当出庭作证的人员只有四种，即证人、被害人、侦查人员和鉴定人，国家行政机关工作人员不在此列，故没有像鉴定人一样的出庭作证义务。其三，遵循已有规定，案件当事人对于公文书存有疑问的，可以请求人民法院依职权就相关问题进行核实，相关公职人员应当进行必要的解释或说明。可见，经由此道解决上述问题，可算是出师有名。当然，如果公职人员愿意到庭接受法官询问的，法庭应当许可，因为法庭不能拒绝任何人自愿作证。

毫无疑问，以上研讨只是运用证据规则的皮毛而已，由此足见庭审任务的繁复与艰巨。为了有序推进庭审实质化，我们不妨在审理方法上略作改进，尝试“四点审判法”：（1）固定共同点，即将庭审前控辩审三方共同梳理的没有争议的事实、证据，先行予以确认、固定，为深入审理打下基础。（2）主审矛盾点，即重点围绕庭审前共同整理的争议焦点，逐一展开充分控辩，以查明案件主要事实。（3）厘清模糊点，即对于已经查证但尚未查清的重要事实情节，进一步进行甄别厘清，不留事实缺憾。（4）消除盲点，即对于前期疏于查证的重要事实情节，尽力进行补查补证，不留案件死角。借此周密、审慎的庭审，使全案达到“事实清楚，证据确实、充分”的证明标准。

附件

附件一：

上海市第一中级人民法院 2020年重点工作实施方案

2020年，我院将以“建设审判高地、勇当改革先锋、打造调研重镇、营造精神家园”为总体工作目标，深入推进审判质量、审判能力、涉众刑事财产刑执行、辖区审判业务指导和干部培养及梯队建设五方面重点工作，并精心策划建院25周年纪念活动，经院党组研究，制定如下工作方案：

一、着力提高审判质量

（一）工作目标

围绕打造审判高地的工作目标，在保证审判效率的基础上，狠抓审判、执行案件质量，以不断提高审判质量的实际行动，实现努力让人民群众在每一起案件中感受到公平正义的总要求。

（二）组织架构及具体工作

相关副院长主管，院级层面工作由研究室（审管办）牵头，申诉审监庭协同。部门层面工作由各部门主要负责人主抓落实。

1. 开展示范庭审观摩评议活动

落实主体：各业务庭

时间安排：每季度至少一次

具体要求 / 措施：

一是各业务庭根据实际情况、区分案件繁、普、简类型，自行选定供观摩评议的庭审。

二是各业务庭法官原则上都应参加本部门组织的观摩学习活动。

三是在庭审结束后两天内，庭长应当组织观摩庭审评议，重点明确优缺点及提升空间，并形成书面记录，为半年度一次的全院庭审讲评打下基础。

四是各业务庭将观摩评议的优秀庭审录像报经分管院长审核后置于内网供大家日常学习，并作为报送、参评高院百例示范庭审的基础材料。

2. 优化庭审文书质量评查机制

修订、完善我院《案件质量评查实施方案》，调整评查方式、周期及奖惩措施等，加大评查力度，促进案件质量品质的提升。

（1）完善评查方式

落实主体：各业务庭

时间安排：每季度首个周五作为固定的评查日，遇节假日顺延至次周五。

具体要求 / 措施：

一是采用自荐与抽查相结合的方式，全年共评查每位法官的 2 个庭审和 2 篇文书。

二是原则上每季度评查一次，人数较多的业务庭可实行分批评查制。被评查的庭审和文书应做到交叉搭配，确保每半年对每名法官的庭审和文书均各评查一次。

三是各业务庭根据法官人数设置不同数量的评查组，除民事审判庭设置 4 个评查组，以及立案庭、刑事审判庭、商事审判庭设置 2 个评查组外，其他业务庭均设置 1 个评查组。

四是法官的自荐文书和庭审应附推荐理由。

五是统一评查标准，评查组对评查结果为优秀的，需附评查理由，对发现的差错和问题应及时反馈。各业务庭的评查结果应汇总形成书面材料提交研究室（审管办）。

（2）开展评查讲评

落实主体：研究室（审管办）

时间安排：5 月、10 月（院集中教育培训期间）

具体要求 / 措施：相关二级高级法官负责在全院范围内讲评评查中发现的问题，讲评内容以专项报告的形式予以通报。同时，对于具有代表性的优秀及瑕疵庭审、文书置于内网供学习鉴戒。

3. 强化专家法官会议审判监督管理职能

落实主体：研究室（审管办）、各业务庭、行装处

时间安排：根据实际需要及时召集

具体要求 / 措施：

一是对涉及不同专业领域法律适用问题的案件，组织跨部门的专家法官共同进行研讨。

二是鼓励各业务庭对专家法官会议讨论的重大疑难、典型案件进行成果转化，如制作会议纪要、案例分析、类案总结等。会议纪要涉及适法统一问题的，经分管院长审核后可发送辖区基层法院参阅。

三是优化专家法官会议系统的功能，如增加查询统计界面显示院庭长参会数和参会率功能。

四是举办专家法官会议系统使用培训，加强法官助理和书记员系统使用的规范性。

4. 加强对本院一审被二审 / 再审改发案件质量把控

落实主体：申诉审监庭、相关业务庭

时间安排：不定期

具体要求 / 措施：

一是相关业务庭应在第一季度对去年被改发情况进行内部讲评，申诉审监庭负责人一并参加。

二是相关业务庭负责人应及时就被改发原因与二审/再审承办法官进行沟通，并将沟通情况和自评意见纳入上报审委会的评议报告。

三是申诉审监庭对经审委会评定的改发案件质量责任情况，及时反馈给相关业务庭。其中，对被评定为瑕疵、错误的，以专项质量评查报告的形式予以通报。

四是申诉审监庭庭长在5月、10月（院集中教育培训期间）在全院范围内对改发案件情况进行讲评。

二、全面提升审判能力

（一）工作目标

切实落实最高人民法院“不断推进审判体系和审判能力现代化”的工作要求，着力提升法官整体的审判能力和水平，持续打造过硬审判队伍。

（二）组织架构及具体工作

相关副院长主管，相关二级高级法官协管。院级及跨部门层面工作由相关综合部门负责牵头、组织、协调。部门层面工作由各部门主要负责人主抓落实。

1. 开展学习研讨

落实主体：各业务庭

时间安排：不定期

具体要求 / 措施：

一是全年院级层面开展不少于 10 次 / 项学习活动，各部门根据业务学习需要制定部门学习计划，并按计划开展学习活动。

二是全年院级层面举办专题研讨会 3 次，法官沙龙 4 次（注重吸纳辖区基层法院干警参加），各部门根据业务需要制定部门研讨计划，并按计划开展研讨活动。

三是注重学习研讨的实效和成果转化，为应用法学的完善提供理论积淀，为重大司法服务保障工作出谋划策。

2. 录制专题讲座短视频交流学习

落实主体：研究室

时间安排：全年，以上半年为重点

具体要求 / 措施：

一是院庭长、审判业务骨干等带头开设专题讲座并录制短视频，逐步推广至年轻法官、法官助理和书记员。

二是讲座主题可围绕法律适用、办案经验及司法改革等内容。

三是各专题授课人员提前确定选题、思路，由研究室统筹录制。

四是将录制的短视频置于本院及辖区基层法院内网，供干警学习参阅，达到总结、传授、切磋审判经验，全面提升干警审判业务能力的目的。

3. 继续推进类案裁判方法总结与应用

落实主体：研究室、各业务庭、行装处

时间安排：全年

具体要求 / 措施：

一是根据修订的《审委会类案裁判方法总结三年规划》，严格把握类案裁判方法撰写进度，均衡推进类案总结工作。

二是做好类案总结衍生产品，如以年轻法官助理为主体，探索制作类案相关教学视频，加强类案思维导图的制作和运用。结合新颁布的法律法规等，全面审核、修订拟出版的相关类案总结，对接出版单位。

三是加强类案总结推送，对已完成类案总结的案由进行细分确定，分场景主动推送，分别在我院审判管理系统、辖区基层法院使用的高院审判管理系统中向合议庭推送类案总结链接。

四是深入学习类案总结，通过内部干警培训、辖区片会等对类案总结进行专题学习和辅导，指导类案总结的应用。

4. 推进课题研究

落实主体：研究室

时间安排：全年

具体要求 / 措施：

一是深度研究相关课题招标通知，2020 年我院拟开展十大类课题申报工作，包括六类国家级课题、三类市级课题和一类院级课题，结合工作实际，精心选定申报选题，高质量撰写课题标书。

二是高标准完成课题工作，组织调研骨干，以课题调研工作为契机，梳理我院既有的相关审判经验、实践探索成果，引导干警特别是优秀年轻干警关注研究实务及理论的重大、热点问题。

三是推进优秀调研成果的转化，将课题研究与审判管理、适法统一等工作紧密结合。

5. 培育精品案例

落实主体：研究室、各业务庭

时间安排：全年

具体要求 / 措施：

一是将案例考核指标细化为季度指标，以便于各业务庭合理安排工作进度，提升案例质量。

二是准确把握重要案例推评标准和要求，有针对性地开展案例培育工作，如今年指导性案例重点申报范围为涉互联网及新业态纠纷。

三是加强案例与我院重点工作的有效衔接，倡导优先考虑与类案裁判方法主题相契合的案例选题。

四是加强案例写作指导，组织院外专家、上级案例管理部门、院内优秀案例作者等传授工作经验。

三、抓好涉众刑事财产刑执行

（一）工作目标

保障涉众型经济犯罪案件刑事财产刑执行工作顺利进行，最大限度追赃挽损、维护被害人合法权益，化解金融风险、维护社会稳定。

（二）组织架构及具体工作

1. 依法处置领导小组

院内设立涉众型刑事财产刑依法处置领导小组，由院长任组长，相关副院长、执行局长、相关二级高级法官任副组长。由执行局、刑事审判庭、立案庭（信访办）、民事审判庭（执行裁判庭）、商事审判庭、申诉审监庭、行装处、法警支队等相关部门负责人任组员。

具体职责：每月第一周召开工作例会，部署相关工作；讨论和决定涉众型刑事财产刑案件的执行；落实必要的人财物保障；推动形成执行工作部门协作联动机制、制定相关操作规范等。

依法处置领导小组下设办公室，设在执行局，办公室主任由执行局局长兼任。

具体职责：牵头、协调和处理涉众型刑事财产刑案件执行的日常事务，执行依法处置领导小组决议等；办公室根据各工作小组每两周报送的情况，定期撰写相关工作信息，报本院相关部门及上级法院。

2. 具体工作小组

依法处置领导小组下设五个工作小组：

（1）协调沟通组

牵头部门：执行局

组成人员构成：执行局、刑事审判庭

具体职责：与案发地区专班、公安、检察机关联络、协调执行财产的处置工作，协调督促涉众型刑事财产刑案件对外债权（若有）清收工作。

（2）财产处置组

牵头部门：执行局

组成人员构成：执行局

具体职责：根据刑事判决、裁定书内容，公开、及时地处置查封、扣押、冻结在案的涉案财产及追缴涉案赃款。

（3）听证裁决组

牵头部门：刑事审判庭

组成人员构成：刑事审判庭、民事审判庭（执行裁判庭）、商事审判庭、申诉审监庭具体职责：

一是原审判合议庭负责查明涉案财产的权属，对涉案财产准确定性，明确犯罪所得，依法作出刑事裁定并予以送达；涉及重大疑难情况的，由刑事审判庭组织听证，并邀请民事审判庭（执行裁判庭）和商事审判庭法官参与听证，如对处理结果存在重大分歧的，提交院专家法官会议讨论后决定；当事人针对生效判决、裁定提出异议的，如异议成立，无法裁定更正的，启动审判监督程序，如不成立，通知予以驳回；对易贬值、损耗及其他在审判阶段有必要先行处置的涉案财产先行作出刑事裁定，交由执行局处置。

二是提前介入侦查和审查起诉阶段，要求公安、检察机关为涉案查扣财产的定性做好证据的搜集、固定工作。

（4）信访维稳组

牵头部门：立案庭（信访办）

组成人员构成：立案庭（信访办）、执行局、刑事审判庭、法警支队

具体职责：联系案发地区专班，做好信访接待工作。执行局予以配合，定期发布财产处置进度，共同做好社会面稳控。

（5）退赔发放组

牵头部门：执行局

组成人员构成：执行局、刑事审判庭、行装处

具体职责：

一是督促审计机构做好被害人信息的前期审计工作，包括被害人身份信息、受损金额、银行卡号等事项。

二是开发被害人信息核对平台，采用线上登记为主、线下登记为辅的方式核对被害人信息。具体为：由被害人根据登记规则自行登录平台先行登记。线上登记结束后，联系案发地专班委托专人定时、定点帮助未登记或有异议的人群进行补充、汇总，再交由审计机构核对。

三是被害人信息核对无误后，按公告期限发放钱款。

四、加强辖区审判业务指导与交流

（一）工作目标

通过加强对辖区基层法院的审判业务指导，进一步增强两级法院间业务交流，建立审执质量统一体，提升辖区内整体审判能力和审判质量。

（二）组织架构及具体工作

相关副院长主管，各业务庭及研究室（审管办）为责任部门，负责组织对辖区基层法院审判业务指导工作的推进落实。

1. 召集辖区法院审判业务片会

落实主体：各业务庭、研究室（审管办）

时间安排：每季度 / 每半年

参与人员：各分管副院长、二级高级法官、庭长、副庭长、审判长及辖区基层法院院、庭领导等。辖区基层法院可组织优秀法官参与发言。

具体要求 / 措施：

一是各业务庭每半年至少召集一次辖区基层法院审判业务片会，审判业务内容较多的庭可按季度召集。各业务庭全年至少至各辖区基层法院调研指导一次，既解决审判具体问题，也了解一线实际关切。

二是各业务庭应先行排定片会工作计划，并报研究室（审管办）初审和统筹。每次片会方案应提交院党组扩大会讨论决定后再予以实施。

三是各业务庭应突出片会的质量和水准，重点围绕改发辖区基层法院案件、适法共性问题、类案总结等内容进行业务指导，交流审判经验，也可安排相关专题讲座。

四是各业务庭应努力将片会实效及于辖区基层法院全体法官。片会应全程录音录像，剪辑后置于辖区基层法院内网供学习。

五是研究室（审管办）将辖区指导工作纳入“三十条”讲评内容，各业务庭应在“三十条”讲评工作中，对本部门辖区指导工作内容及成果进行总结。

2. 召集辖区法院研讨会

落实主体：各业务庭、研究室（审管办）

时间安排：每年至少一次

参与人员：各分管副院长、二级高级法官、庭长、副庭长、审判长及辖区基层法院院、庭领导等。辖区基层法院可组织优秀法官参与研讨。

具体要求 / 措施：

一是各业务庭每年至少一次就辖区内审判业务共性问题，召集辖区基层法院研讨会，对辖区基层法院提出的适法问题可作现场解答，不能现场解答的，后续经研讨后尽快解答。

二是经会议研讨，应对法律适用形成倾向性意见，并将研讨成果制成会议纪要，报经分管院长审核后，发各院法官参阅。

3. 规范完善辖区业务交流平台

落实主体：各业务庭、研究室（审管办）

时间安排：全年

具体要求 / 措施：

一是经分管院长审核，各业务庭可将会议纪要、审判经验、调研成果等，通过"一中辖区审判业务交流平台"向辖区基层法院进行分享，供两级法院干警学习。

二是注重通过"一中辖区审判业务交流平台"收集辖区

基层法院有关法律适用的意见建议，便于及时解答法律适用问题，努力实现适法统一。

五、加大干部培养及梯队建设力度

（一）工作目标

力争在 2 ~ 3 年内，打造一支高素质干部队伍，为我院各项战略目标实现提供坚实的人才保障和智力支撑。

（二）组织架构及具体工作

形成以院党组领导（具体由政治部主任主管）、政治部（机关党委、监察室）牵头、各部门联动的干部培养格局。

1. 领军人才培养（“卓越计划”）

通过有计划、分层次、有重点的培养 4 ~ 6 名审判实践丰富、专业造诣精深、工作业绩突出、在本院乃至在全市、全国领域具有一定影响力的审判业务领军人才队伍，发挥示范引领、打造司法精品、提升法院影响力等作用，实现“人才强院”。

落实主体：政治部（机关党委、监察室）

时间安排：第一季度完成人员确定；4 月完成个性化培养方案制定

具体要求 / 措施：

一是在选拔上注重德才兼备、实绩突出。以高于上海法院审判业务骨干的标准，通过个人自荐、部门推荐、业绩评定、院党组研究等方式，确定领军人才名单。

二是在培养上注重压担补强、量身打造。根据院工作部署、条线业务需求及个体实际，科学制定个性化培养方案，让领军人才在攻坚克难中提升。

三是在管理上注重定期评价、动态调整。除日常跟踪考察外，年末结合年度考核对领军人才的审判质效、调研能力作出评估，视考核情况调整培养方案或补充调整培养对象。

四是在宣传上注重价值引领、形成效应。深入挖掘、总结领军人才的先进事迹，有重点、有步骤地推进宣传工作，营造见贤思齐的浓厚氛围。

2. 搭建干部梯队（“头雁计划”）

建立科学规范的后备干部选拔、培养和管理机制，储备一支素质优良、数量充足、结构合理、能担当法院发展事业重任的中层正、副职后备干部队伍，提升领导岗位选任的公信力，为法院改革和发展提供强有力的组织保障。

落实主体：政治部（机关党委、监察室）

时间安排：第一季度完成人员确定；4 月完成个性化培养方案制定

具体要求 / 措施：

一是在选拔上突出德才兼备、群众公认。通过调研、推荐、谈话、业绩评定等方式，了解干部的德能勤绩廉等内容，经院党组研究后，按一定比例确定后备干部对象，并向市高院报备名单。

二是在培养上突出按需锻炼、备用一致。根据岗位需求及个体实际，科学制定个性化培养方案，并在具体工作中予以实践推进，提升综合能力。

三是在管理上突出定期调整、有进有出。除日常跟踪考察外，年末结合年度考核对后备干部的业绩作出评估，视考核情况调整培养方案或补充调整培养对象，实现动态管理、留优汰劣。

3. 加强干警心性品质培养（“博雅计划”）

大力加强法官心性品质的养成教育，通过计划性、针对性的培训，使全体干警性格有改善、人格有提升、品味有提高，全面提升法院队伍的软实力。

落实主体：政治部（机关党委、监察室）牵头，各部门联动。

时间安排：全年

具体要求 / 措施：

一是各党支部根据工作实际，探索开展具有操作性和务实性的心性品质养成方式，活动内容要高雅、活动形式要丰富，紧密结合部门工作难点、痛点，运用支部组织优势、人才优势，形成“一支部一品牌、一品牌一特色”的“党建品牌矩阵”。每年重点选择 3~4 个支部，用 3 年的时间，形成我院干警“心性品质”养成的品牌体系。

二是开展“一中十佳青年评选”活动，定期选拔 35 周岁以下，工作业绩显著、综合素质突出的青年干警，充分发挥其先进典型的示范引领作用。该项目将为对接市高院开展的上海法院“十佳青年”的评选活动做好基础工作，同时纳入我院“青年典型人才库”，作为我院干部梯队的重要后备力量。计划于“五四”青年节前开展。

三是开展“3+3 法官助理培养”活动，即在法官助理刚进院、协助办案前和入额前的三个时间节点进行有针对性的培训，培养过程中注重办案能力、调研能力和群众工作能力三种能力的提升。

四是持续做好“博雅小课堂”项目，增加体验式、沉浸式等授课方式，通过行业专家的讲授，着力提升干警对美的感知和鉴赏能力，计划全年 6~8 期。增设“博雅沙龙”项目，与“博雅小课堂”互为补充，以座谈交流的形式，给干警提供一个畅所欲言和交流互动的平台，共同打造“博雅”系列品牌，计划全年 2~4 期。

五是开展“老干部之声”，用好老干部宝贵的精神资源，打造老干部主题党日活动平台，组织开展老干部口述历史活动，与青年干警进行分享互动，计划半年一期。

六是打造“高品质兴趣小组”，组建一中合唱团、健身训练营等新的兴趣小组，梳理、整合、盘活原有的舞蹈、太极、戏曲、武术、瑜珈、书画、摄影、球类、棋类等兴趣小组，开展喜闻乐见的群众性文体活动，进一步培养干警健康情趣、提升综合素质、陶冶道德情操。

相关职能部门根据以上五项重点工作的实施方案，可以进一步制定具体的实施细则。

附件二：

上海市第一中级人民法院
关于深化案件繁简分流及资深法官
办理重大疑难敏感案件的实施意见（试行）

一、总则

1.【制定目的】为贯彻落实最高人民法院《关于进一步推进案件繁简分流优化司法资源配置的若干意见》及《关于民商事案件繁简分流和调解速裁操作规程（试行）》，深化审判权运行机制改革，推进案件繁简分流，优化司法资源配置，从整体上提升案件裁判水平，传承审判经验，促进司法公正高效，根据诉讼法及相关司法解释等规定，结合本院工作实际，制定本实施意见。

2.【总体要求】深化案件繁简分流及资深法官办理重大疑难敏感案件，应当在将案件区分为繁案、简案、普案的基础上根据员额法官司法经验、办案能力、业务专长等不同特点，对口分配相应审判任务，充分发挥审判人员的差异化优势。

3.【基本原则】深化案件繁简分流及资深法官办理重大疑难敏感案件，应当遵循分流调解速裁一体化与随机均衡分案全覆盖相结合、系统识别繁简与繁案优先选定相结合、人案最优匹配与分类精准施策相结合的原则。

4.【案件范围】繁简分流涵盖全院刑事、民事、商事、行政一、二审案件，今后可视情扩大至申请再审、执行等各个业务领域。

二、案件分流

5.【多元化解与分流调解速裁一体化】完善民商事案件多元化纠纷解决与分流调解速裁一体化机制。加强诉调与繁简分流的对接，对适宜调解的一审案件，积极引导当事人在登记立案前先行由法院委派调解，调解不成的实行繁简分流；一、二审案件立案后，对适宜调解的，委托调解组织或法院专职调解员调解，调解不成的实行繁简分流；对于繁简分流后或审理过程中发现适宜调解的案件，也可以委托调解组织或法院专职调解员调解。

6.【繁简分流与随机分案】根据审判部门确定的繁案、简案标准（由各审判部门另行确定），建立健全案件立案识别及繁简分流机制。采取以系统识别为主、人工识别为辅的方式，在立案环节对案件进行分流管理，先定繁案，再定简案。

对于立案识别的繁案按其重大疑难敏感程度随机分配至相应院、庭长或审判部门资深法官（一般应具有审判长资格）审理；对于立案识别的简案随机分配至相应简审团队法官审理。对于识别不出的案件，则通过程序分流员二日内在系统中添加要素后予以二次分流，余下的则作为普案随机分配至相应审判部门普通法官审理。

对于繁简程度难以准确判断的案件，由审判管理部门牵头会同立案、审判等部门及时进行会商沟通，共同研究决定案件繁简类型。

重大疑难敏感案件的界定可参照本院《关于加强院、庭长办案及带教预备入额法官的工作细则》的规定处理。

随机分案规则及要求可参照上海市高级人民法院《关于实行随机自动分案的若干意见》的规定处理。

7.【院、庭长办案类型】部分重大疑难敏感案件可以由院、庭长办理，其办案类型可参照本院《关于加强院、庭长办案及带教预备入额法官的工作细则》的规定处理。

8.【繁简标准动态调整】各审判部门应不断完善案件繁简界定标准，综合考量案由、标的数额、诉讼请求、法律关系、证据情况、纠纷性质、当事人身份及数量、矛盾冲突、社会影响、刑罚轻重等因素，细化各类繁案、简案界定标准，其中简案类型可适度集中。

9.【分流比例】根据案件数量测算及繁简标准界定情况，审判管理部门可初步确定各类一、二审案件的简审分流比例，以便于按需配置审判力量，但总的简审分流比例应力争达到50%以上。

10.【简普转换】对于分流至简审团队的案件，有下列不适宜简审情形的，承办法官可在收案后五个工作日内报告并经所在部门负责人于二个工作日内批准后将案件退回立案部门，如超过五个工作日的则由审判管理部门审核后报其分管院长批准，超过一个月的原则上由简审团队继续审理。退回立案部门的再随机分配至相关审判部门普通法官审理。但每个简审团队每月退回案件比例应不超过10%。

（1）需要进行调查取证、勘验、鉴定、审计、评估的；

（2）需要中止案件审理的；

（3）审理中发现有矛盾激化情况的；

（4）审理中发现有交、督办情况的；

（5）其他情形致使案件不适宜简审的。

退回前案件已经庭审（含谈话、调解、提审、提讯）的，简审团队应固定好争点，并记录在笔录中，随卷一并移送。对于未固定争点的，审判部门退回相关简审团队予以补正。

11.【普繁调配】对于审判部门内繁案的波动性增减，一般由系统根据不同岗位法官的基本工作量情况进行动态调配：

当部门内繁案过多时，将其适当分流至普通法官审理；当部门内繁案不足时，适当补充普案给资深法官审理。

案件审理中出现下列情形时，审判部门负责人可根据实际情况决定将普案调整给资深法官审理：

（1）经专家法官会议讨论，认为系新类型，法律规定不明确或在辖区内具有统一裁判标准意义的案件；

（2）信访矛盾激化，且由资深法官审理更有利于妥善处理的案件；

（3）在全国、本市有较大影响，受到社会舆论关注或关系区域发展和社会稳定的案件；

（4）其他更适合由资深法官审理的案件。

三、人员配备

12.【繁案人力资源配置及审判工作要求】繁案一般由相关审判部门的资深法官作为承办法官，并优先吸纳年轻法官组成合议庭审理，以突出审判经验、能力在司法裁判中的重要地位，使其与案件难易程度有机地结合，并且兼顾培养青年法官，全面提升案件的公正裁判水平。

办理繁案应适当配强审判辅助人员，法官助理一般需任职满三年。

13.【院、庭长人力资源配置】繁案中的部分重大疑难敏感案件应当由院、庭长办理，其审判团队配置等可参照本院《关于加强院、庭长办案及带教预备入额法官的工作细则》的规定处理。

14.【简案审判机构】简案应当由简审团队分类集中审理，其中民事、商事、行政案件简审团队集中设置在立案庭，刑事案件简审团队集中设置在少年家事审判庭。条件成熟时简审团队也可以集中统一设置。

15.【简审团队人员配置】根据简案时限短、节奏快、辅助工作量大的特点，刑事案件简审团队一般按四名法官、四名法官助理或书记员、二名法警（人员由法警支队按需安排）的模式，即“4+4+2”模式，配备审判人员以及审判辅助人员；程序性案件简审团队一般按一名法官、三名法官助理（主要承担文书草拟工作）、五名书记员（也可以是担任书记员的法官助理）的模式，即“1+3+5”模式，配备审判人员以及审判辅助人员；民事、商事案件简审团队一般按三名法官、三名法官助理（或为案件调查员，或为调解员）、三名书记员（也可以是担任书记员的法官助理）的模式，即“3+3+3”模式，配备审判人员以及审判辅助人员，力争实现速裁调解一体化；行政案件简审团队按一名法官、一名法官助理、一名书记员（也可以是担任书记员的法官助理）的模式，即“1+1+1”模式，配备审判人员以及审判辅助人员，并挂靠前述某一民事或商事简审团队组成合议庭运作。

16.【简审法官递补】建立简审团队法官递补机制，在法官因出差、休假、培训等不在岗超过一个月时，或者短期内简案明显增多时，由递补法官加入相应简审团队审理案件。递补法官由政治部另行确定。

17.【简审团队人员标准】简审团队法官、法官助理根据审理案件类型的需要，从本院各审判部门产生。法官采用自主报名、庭室推荐、组织选拔相结合的方式，按照年富力强（年龄一般不高于45岁）、责任心强、具备相关审判经验（一般具有不少于三年办理相关案件经历）等标准，择优确定。法官助理由政治部结合其理论水平和实践经验确定，一般应可承担庭前准备、草拟文书等工作。

18.【程序分流员配备】程序分流员主要负责案件分流工作，根据案件事实、法律适用、社会影响等因素，在系统未能识别的情况下补录相关要素以确定案件的繁简。根据我院二审案件收案情况，一般配备1 ~ 2名程序分流员。

19.【简审定期轮换】简审团队的法官、法官助理实行定期轮换，原则上每三年轮换一次。

20.【办案指标与分类考核】分别针对繁案与简案的不同特点，全面、科学评价办案数量、质量、效率和效果。将审判效率、庭审和裁判文书质量等作为法官业绩考核的重要内容，将参与办案数量作为审判辅助人员业绩考核的主要内容，鼓励多办案、快办案、办好案。各审判部门与简审团队的考核方案、基本工作量、办案指标分别由政治部、审判管理部门另行规定。

21.【简审激励机制】绩效考核奖金的分配应适当向简审团队倾斜。此外，在干部选拔任用、职级晋升与年度评优中，简审团队表现突出人员可优先考虑。

22.【工作衔接】资深法官跨专业进行部门工作调动，可给予三个月适应期。在此期间，可以审理普案并逐步熟悉繁案的审理职责。

简审法官跨专业进行部门工作调动，可给予一个月适应期。在此期间，办案量可适当少于办案指标要求。

四、审理程序

23.【繁案精审程序】繁案应当严格规范审理，力争办成精品案件。繁案的庭审可推行“争点式”审理模式，全程聚焦争点，提升案件质效。繁案的裁判文书应当详细阐述裁判理由，加强对证据认证、事实认定及法律适用等问题的说理。

24.【缩短答辩期、举证期】民商事简案当事人协商缩短答辩期、举证期的，应予准许；法官依职权指定举证期限的，原则上限定在答辩期内；严格规范延长举证期限，简案原则上不依职权调取证据。

25.【简案庭前程序】围绕庭审实质化要求，进一步发挥简案庭前程序的庭审准备和分流功能，完善简案常见类型的一、二审庭前准备任务菜单，充分发挥法官助理在简审庭前准备中固定审理程序、固定诉讼请求、固定证据、固定争点等方面作用，保障庭审高效进行。

26.【权利义务庭前告知】建立健全简案权利义务庭前告知制度，制定包括回避等当事人各项诉讼权利义务、法庭纪律等内容的告知书，简案庭前由法官助理一次性书面告知，开庭审理程序不再涉及。

27.【简案庭审程序】进一步简化简案庭审程序，完善各类简案的庭审程序规则，可不区分调查、辩论阶段，直接进行质证、焦点辩论等实质审理。结合案件调查员与调解员，完善简案审理方式，灵活安排开庭（谈话、调解、提审、提讯）时间，对类型化案件推行“门诊式”集中审理模式，推广类案当庭集中宣判，提高庭审效率和当庭裁判率。

28.【简案要素式审理】探索简案要素式审理，总结各类简审常见类型案件的事实查明、法律适用等基本要素，制定标准化庭审提纲、裁判指引，提高简审庭审质量和效率。相关庭审提纲、裁判指引等由简审团队另行制作。

29.【裁判文书简化】规范和推广简化简案裁判文书，探索令状式、要素式、表格式裁判文书格式，规范各类文书适用条件，扩大简化文书适用范围。裁判文书简化样式由简审团队另行制作。

30.【适法统一】完善简案法律适用统一机制，建立简审团队与相关审判部门的业务沟通机制，吸收简审团队法官代表参加相关审判部门的专家法官会议，实现裁判指引、会议纪要等业务信息共享。

根据简案特点，规范二审改判和发回重审标准，确保简案的一、二审裁判标准统一。简审改判和发回重审案件一般应提交专家法官会议集体研判，并视情邀请相关审判部门庭长或审判长参加。

31.【示范诉讼】对于系列性或群体性案件，可选取个别案件由相关审判部门先行示范诉讼，再由简审团队参照其裁判结果处理其他同类案件，通过个案（首例）示范处理带动批量案件的高效解决。

五、流程辅助

32.【设置标识】实行精审与简审的案件，应当在审判管理系统中设置繁案、简案标识，及时给予程序提示，并方便查询统计。

33.【分案监控】建立健全符合繁简分流要求的分案规则

配置、流转时限、定期公示等制度，强化分案环节的监督制约和风险防控。

34.【流程管理】完善案件流程管理机制，建立符合繁案、简案特点的流程管理系统，合理设置立案、分案、开庭、评议、结案等节点，严格时限要求，及时进行节点提示、跟踪监控和全程留痕。

35.【审限管理】对于简案，简审团队一般在收到案件之日起三十日内予以结案，但调解机构或专职调解员调解、双方当事人申请调解等期间不计入上述期限。对于繁案，审判部门应在规定的审限内结案，但法律规定不计入审理期限的期间应当扣除。

36.【送达】推行集约化送达，推广适用电子邮件、电话、短信、网上平台等送达方式，提高送达效率。

37.【信息化支撑】推动智慧法院建设，大力推行简审审判信息化，加快研发分流调解速裁一体化平台，逐步完善简案庭审笔录、裁判文书等模板，充分利用信息化技术推进简审标准化进程，提高审判效率。

38.【法庭配备】每个简审团队一般应当配备一个专门的高清数字法庭，加强信息化装备配置，除已实现的全程录音录像、合议庭评议音字智能转换外，还应优先实现网络庭审、庭审语音智能转写等功能。

六、附则

39.【解释主体】本实施意见由院审判委员会负责解释。

40.【实施时间】本实施意见自 2018 年 10 月 1 日起试行，本院 2017 年 3 月 24 日公布的《上海市第一中级人民法院关于进一步推进案件繁简分流优化司法资源配置的实施意见（试行）》同时废止。

附件三：

上海市第一中级人民法院
关于专业法官会议集体研判（专家会诊）
疑难复杂案件的规定（试行）

为了深化审判权运行机制改革，充分发挥专家法官集体研判疑难复杂案件的作用，进一步加强审判管理和监督，确保案件裁判的质量和效率，特建立专业法官会议集体研判（专家会诊）疑难复杂案件制度，以下简称专家法官会议制度。

第一条 【定义与职能定位】专家法官会议制度是在确保合议庭依法独立行使审判权的前提下，根据审判执行工作的实际需要，充分发挥院长、庭长、审判长等专家法官的专业特长和集体智慧，对疑难复杂案件或其他有争议案件进行专门研讨，行使审判管理与监督权的制度。

除审判委员会讨论、专家法官会议集体研判等形式外，院、庭长不得就个案发表倾向性处理意见。

第二条 【设立专家法官库】专家法官库由院长、副院长、庭长、副庭长、审判长及具有相关专业特长的员额法官组成。

专家法官库人选名单由政治部提出，经审判委员会讨论后确定。专家法官库一般以两年为期限实行动态调整、管理。

第三条 【会议架构】专业法官会议集体研判（专家会诊）疑难复杂案件采用专家法官会议的形式。

专家法官会议一般在案件所在的业务庭内召开。如果案情复杂且确有必要的，也可以跨专业邀请专家法官参与研判。

第四条 【与会人员】专家法官会议一般由五名或七名专家法官组成，与会人数应为单数。

专家法官会议讨论案件时，负责案件审理的法官应当列席专家法官会议并说明相关情况。

院、庭长之外其他参加会议讨论的专家法官，由庭长确定。庭长可以另行指定优秀青年法官列席会议。

第五条 【讨论范围】专家法官会议主要研判在审、在执案件中的疑难复杂法律适用问题或其他有争议的问题，也可以讨论类案法律适用问题。

研判个案时应当分清法律适用问题与单纯的事实认定问题。法律适用问题主要包括两部分内容：一是单纯的法律理解与适用问题，包括对相关政策的把握问题；二是与事实紧密联系的证据规则适用问题。

至于证据及其相关规则确定后事实存在与否及其状态如

何，通常需要结合法官亲历庭审的情况综合判断，故不在专家法官会议的研判之列。

第六条 【提交讨论的情形】以下情形一般应当提交专家法官会议集体研判：

（一）重大疑难敏感案件、新类型案件以及其他具有较大社会影响的案件；

（二）与本院或者上级法院的类案裁判可能发生冲突的案件；

（三）对拟改判或发回重审存在较大分歧的案件；

（四）拟改判或发回重审由原审审判委员会讨论决定的案件；

（五）大标的额案件（大标的额具体标准由各业务庭根据具体情况确定并报院审判委员会备案）；

（六）合议庭存在重大分歧不能形成多数意见，需要提交讨论的案件；

（七）因社会关注，由院、庭长提交讨论的案件；

（八）其他需要提交讨论的案件。

各审判业务庭、执行局认为需要提交讨论的其他案件及情形，由该部门作出规定并报院审判委员会备案。

第七条 【提交讨论的主体】专家法官会议集体研判的案件一般由审判长、承办法官提交，院、庭长认为有必要的也可以提交。

第八条 【提请讨论程序】提交讨论的案件应当通过网上案件审判研讨平台提交《专家法官会议申请表》，并标明拟研判解决的具体问题。

除院、庭长提交讨论的事项和案件外，其他法官提请讨论的，应当经所在业务庭庭长审查后报请分管副院长决定是否召开专家法官会议。

案件讨论材料应在专家法官会议召开前三个工作日提交给与会人员。

第九条 【会议材料】需要研判的问题梳理、相关学理见解和参考案例搜集、会务材料准备等工作，由跟案法官助理根据法官要求处理。

对提交申请的资料审核、相应的资料搜集和观点整理等工作，由院、庭长办案助理根据院、庭长要求处理。

跟案法官助理及院、庭长办案助理均应列席专家法官会议。

第十条 【会议召集】专家法官会议一般由院长、副院长召集并主持。院长、副院长认为有必要的，可以委托审判委员会专职委员、庭长召集并主持。

第十一条 【会议讨论】提交讨论问题的法官应当首先发言，其他与会人员应按照资历、职务从低到高依次发言。

与会人员应就法律适用问题发表明确意见并说明理由。

专家法官会议应对讨论案件的法律意见进行表决，原则上应形成多数意见。

第十二条 【会议记录】会议讨论应当由书记员或跟案法官助理全程记录，会议记录应当客观、详尽，以“一案一记”形式留存归档。

记录的内容应包括案件基本情况、拟处意见及理由、发言者的意见及理由等。会议有多种意见的，由主持人进行归纳梳理。记录应由主持人、与会人员及记录人签名。

对于个案讨论，提交的书面材料和会议记录应当与《专家法官会议申请表》一并归入案件副卷；对于类案等讨论记录，由审判业务庭自行留存，或形成会议纪要、操作规则等。

专家法官会议应全程留痕，包括提交申请、讨论、查阅等均应在网上案件审判研讨平台予以记录，讨论过程可全程录音。

第十三条 【回避与保密】参加专家法官会议的法官存在法定回避事由的，主动提出回避。在讨论过程中发现应当回避事由的，及时说明并退出讨论。

专家法官会议讨论二审、再审、申诉案件时，曾担任过该案件原审合议庭成员（发回重审、一审裁判后又进入二审的除外），或以审判委员会委员身份参与过原审案件讨论的人员，可以列席会议但不得发表意见。

专家法官会议的与会人员不得泄露专家法官会议的讨论内容。

第十四条 【讨论效力】专家法官会议的讨论意见供审理案件的法官或合议庭参考。

专家法官会议讨论案件形成的多数意见与合议庭评议结果不一致的，合议庭应当复议一次；经合议庭复议仍与专家法官会议的多数意见不一致的，庭长应向分管副院长汇报，由分管副院长依职权决定将案件提交审判委员会讨论。审判委员会可以邀请合议庭成员列席会议，并就不同意见进一步阐明观点。

经专家法官会议讨论的案件，在提交审判委员会讨论时，应一并提交讨论结果。

我院《审判委员会工作规则》对提交审判委员会讨论的程序有特别规定的，适用该特别规定。

第十五条 【会议管理】专家法官会议结束后，审判业务庭应当通过网上案件研讨平台在七个工作日内提交《专家法官会议登记表》，注明会议讨论简要情况。

第十六条 【协调机构】研究室是专家法官会议的协调管理机构，负责了解专家法官会议推进情况，协调组织跨条线会议以及成果转化等。

第十七条 【解释权】本规定由院审判委员会负责解释。

第十八条 【实施日期】本规定自公布之日起试行。此前本院相关规定与本规定不一致的，以本规定为准。

附件四：

上海市第一中级人民法院
关于审判委员会提炼总结推广审判经验
及类案裁判方法的规定（试行）

为了有效发挥审判委员会（以下简称审委会）对审判实践的指导功能，全面促进法官裁判案件水平和审判能力的提升，本着遵循审判规律、一切从实际出发的原则，特建立审委会提炼总结推广审判经验及类案裁判方法制度。

第一条 【设立目的】建立审委会提炼总结推广审判经验及类案裁判方法制度，以强化审委会的审判管理和指导功能，把审委会的主要工作转移到提炼审判经验、总结办案技能、指引和推广裁判方法上来，着力提高法官在事实裁剪、法律解释、法律适用和裁判文书制作等重要裁判环节上的水平和能力。

第二条 【主要工作】转移审委会职能重心，注重裁判方法指引；及时总结经验，努力形成同类案件处理规则；定期通报推广经验及裁判方法，统一执法尺度，提高裁判能力。

第三条 【基本程序】由审判业务庭总结审判工作经验，

梳理一类案件裁判方法，经研究室审核，认为条件成熟的可以提交审委会讨论，审委会讨论通过后予以公布。

第四条 【经验和方法的收集】提交审委会讨论的经验和方法可以从以下几个方面收集：

（一）审判实践中发现具有典型代表意义的案例，经审判业务庭或专家法官会议讨论认为有类案经验总结、推广价值的；

（二）法官提炼总结的审判经验及类案裁判方法，经审判业务庭或专家法官会议讨论认为有推广价值的；

（三）审判实践中发现的趋势性、普遍性、突出性问题，经审判业务庭或专家法官会议讨论后形成处理对策的；

（四）对已有的审判实务调研成果，经审判业务庭或专家法官会议讨论认为有类案裁判方法推广价值的。

第五条 【可以总结和提炼的内容】庭审方法、文书制作方法、法律适用及法律解释方法、调解方法、执行工作方法、诉讼流程优化等都可以进行经验总结和裁判方法提炼。

第六条 【提请讨论的格式】审判经验及类案裁判方法总结应以书面形式提请审委会讨论。行文格式上应体现以案例为代表的类案裁判价值判断、办案思路和裁判方法，并运用该思路和方法分析解决具体案件。

内容通常包括：标题、副标题、背景简述、基本案情、分歧意见、类案审理的一般思路和方法或裁判方法、裁判要点、办案步骤、其他需要说明的问题等。

用作案例的案件事实应当明晰，案情介绍应当简洁。

第七条 【审委会讨论】审委会讨论审判经验及类案裁判方法时，与会人员应当遵守审委会议事规则，并指定专人负责审委会会议记录。

审委会讨论按照下列顺序进行：汇报人发言，与汇报主题相关联的审判业务庭委员发言，分管院长补充发言，其后再依《审判委员会工作规则》确立的发言顺序依次发言。

审委会主持人总结归纳发言情况，并对类案裁判方法是否需再次提交讨论予以明确。

每一项审判经验或类案裁判方法的形成可经审委会多次讨论并经反复修改完善。

第八条 【公布载体】类案裁判方法确定后，一般以"某类"+"案件的审理思路与裁判要点"的形式为题，由审委会以《审判委员会审判经验及类案裁判方法通报》的形式加以公布。

第九条 【典型案例适用】用作典型案例的案件可以是在审（在执）案件、已结案件或生效案件，也可以是类案特征的提炼。

典型案例应隐去当事人的基本情况。

以未生效案件为典型案例总结的类案裁判方法，必须待案件生效后方可公布。

第十条 【职能部门】研究室和审判管理办公室是提炼总结推广审判经验及类案裁判方法的工作机构。研究室负责工作任务的部署、形式要件的审查、提交内容的审核。审判管理办公室负责审委会讨论事务的安排和审委会通报的制发。

各审判业务庭每年应当按照工作部署，完成一定量的审判经验及类案裁判方法的总结提炼工作。

第十一条 【解释权】本规定由院审判委员会负责解释。

第十二条 【实施日期】本规定自公布之日起试行。

附件五：

上海市第一中级人民法院
关于加强院庭长办案及带教预备入额法官
的工作细则（试行）

为全面贯彻落实司法责任制，进一步加强院庭长办案及对预备入额法官的带教培养工作，根据《中央政法委关于严格执行法官、检察官遴选标准和程序的通知》《最高人民法院关于完善人民法院司法责任制的若干意见》《最高人民法院关于加强各级人民法院院庭长办理案件工作的意见（试行）》《上海市高级人民法院关于进一步加强院庭长办理案件工作的实施意见（试行）》等有关规定，结合本院实际，制定本工作细则。

第一条 【办案形式】院、庭长可以依法采取下列形式办理案件，且以下述第一种形式为主：

（一）参加合议庭作为承办法官审理案件；

（二）参加合议庭担任审判长或作为合议庭成员审理案件。

第二条 【办案类型】院、庭长可根据业务专长和调研工作需要办理其分管条线（部门）或跨条线（部门）的重大疑难敏感案件。

“重大”案件一般指涉案标的额较大或有较大社会影响的案件；“疑难”案件一般指案件事实、法律关系较为复杂，或者适用法律意见分歧较大的案件；“敏感”案件一般指已经受到或可能受到舆论关注，裁判结果容易引发舆论炒作或矛盾激化的案件。具体包括下列类型：

（一）刑事案件

一审：可能判处死刑的案件；局级干部犯罪案件；涉众型的金融犯罪及组织领导传销犯罪等案件；危害国家安全罪；本市首例或其他新类型案件；其他重大疑难敏感案件。

二审：检察机关抗诉的案件；上诉人对适用法律提出异议，涉及罪与非罪、此罪与彼罪的案件；涉众型的金融犯罪及组织领导传销犯罪等案件；其他重大疑难敏感案件。

再审：非再审发回重审后又上诉的案件；其他重大疑难敏感案件。

（二）民商事案件

一审：标的额在3亿元以上的案件；本市首例及其他新类型案件；其他重大疑难敏感案件。

二审：标的额在3000万元以上的案件；上诉请求多于3项的案件；其他重大疑难敏感案件。

再审：非再审发回重审后又上诉的案件；涉房地产的案件；其他重大疑难敏感案件。

（三）行政案件

一审：行政附带赔偿案件；附带审查规范性文件的案件；其他重大疑难敏感案件。

二审：行政赔偿案件；附带审查规范性文件的案件；其他重大疑难敏感案件。

再审：非再审发回重审后又上诉的案件；其他重大疑难敏感案件。

（四）申诉案件

对本院生效裁判不服且当事人众多的申请再审案件；其他重大疑难敏感案件。

（五）执行案件

申请标的额在 500 万元以上的案件；其他重大疑难敏感案件。

（六）其他案件

司法赔偿案件或其他重大疑难敏感案件。

第三条 【办案任务】院长、副院长一般每年至少作为承办法官审理 6 件重大疑难敏感案件，其中一审案件不少于 1 件；庭长一般每年至少作为承办法官审理 12 件重大疑难敏感案件，其中一审案件不少于 2 件。本庭无一审案件的，庭长可办理本庭其他类型重大疑难敏感案件，也可办理其他庭相关专业的一审重大疑难敏感案件。

院、庭长除了作为承办法官审理重大疑难敏感案件外，还可以根据工作职责和收案实际，承担部分普通案件的审判任务。

第四条 【带教任务】院、庭长办案一般应优先吸纳年轻法官组成合议庭，并由政治部从预备入额法官中配备专门的办案助理，所需书记员由案件承办部门安排，以加强对年轻法官、预备入额法官等办案能力、职业操守的培养与训练，实现以老带新，传承审判经验。

上述预备入额法官一般系未入额法官或任职满三年的法官助理，其日常管理由其所在业务部门负责。

对于带教期间的预备入额法官，院、庭长除指导其协助办案外，还需要参与并指导其每年至少完成 2 篇案例分析或调研论文，并力求达到公开发表水平。

第五条 【分案方式】院、庭长办理的案件，以随机分案为原则，特殊情况下也可采取指定分案方式。采取指定分案的指定分案原因等情况应在系统中留痕。

第六条 【轮转办案】院、庭长应定期轮转办理所分管部门或合议庭的案件，可视情确定为一个季度或半年：

（一）院长、副院长可结合自身业务专长选择一至两个分管部门作为主要办案部门，其余分管部门可以轮转形式作为审判长审理案件。

（二）庭长可就本部门合议庭（或审判团队）定期进行轮转办案。

第七条 【保障开庭】每周四为无会日，全院应尽量不安排会议，确保院、庭长开庭办案时间。

如出现开庭与会议时间冲突的，应在院长与副院长之间、庭长与副庭长之间实行相互代替参会，以优先保证开庭。

第八条 【行政事务】为保障院、庭长办案工作时间，应尽量减少其行政化的工作事务，可将车辆使用、考勤管理、重大事项申报等审批事务转交政治协理员处理。

第九条 【示范作用】院、庭长所办案件一般应当进行庭审直播，并鼓励作为示范庭审参与评比，审判管理办公室可以组织其他法官、法官助理旁听观摩、学习研判；院、庭长制作的文书应具有示范性，强化院、庭长办理案件裁判文书网上公示力度，鼓励参与优秀裁判文书评比。

第十条 【案件统计】院、庭长作为承办法官审理重大疑难敏感案件应当作为其履行审判职责的一项重要工作。除本人作为承办法官所结案件外，可以计入办案数量的原则上仅限于担任审判长办理的重大疑难敏感案件。审判管理办公室负责每月定期统计和通报相关数据。

第十一条 【参照适用】审判委员会专职委员的办案及带教工作要求同副院长，主持工作的副庭长的办案及带教工作要求同庭长，研究室、审判管理办公室的主任及主持工作的副主任的办案及带教工作要求同庭长。

本细则中关于院、庭长办案比例等内容适用上级法院相关规定。

第十二条 【解释施行】本细则由院审判委员会负责解释，并自公布之日起施行。

附件六：

上海市第一中级人民法院
关于优化繁简分流案件审理程序的规定
（试行）

为全面落实我院《关于深化案件繁简分流及资深法官办理重大疑难敏感案件的实施意见（试行）》等相关规定，进一步健全完善案件繁简分流机制、优化司法资源配置，从整体上提升案件审判质效水平，根据诉讼法及相关司法解释，结合我院审判实践，制订本规定。

一、基本原则

第一条 【分类施策原则】强化分类施策，完善多层次诉讼制度体系，对繁案、普案、简案适配相应的审理程序。根据案件事实、法律适用、社会影响等因素，科学调配和高效运用审判资源，严格规范审理复杂案件、依法快速审理简单案件，确保繁案精审、普案简化审、简案快审，推动诉讼程序的精细化，在保证各类案件审判质量的基础上，不断提升司法效率和司法公信。

第二条 【诉讼权利保障原则】充分尊重和保障当事人在诉讼中的各项诉讼权利，确保各类案件审理程序的合法性和正当性。在推动审判程序分流和简化时，注重规范普案和简案的审理程序，充分保障当事人的各项诉讼权利。

第三条 【信息化辅助原则】借助案件信息管理系统，确保各类案件可以通过系统提取案件相关信息，逐步实现裁判文书的自动生成。同时，办案人员要加强对裁判文书中自动生成信息的核对。

除电子卷宗随案同步生成系统外，在立案阶段还可以要求当事人提交起诉状、上诉状、答辩状等诉讼材料的电子版本，为后续庭审笔录制作、裁判文书撰写等提供便利。

为确保诉讼程序规范、如实记录庭审情况，开庭或谈话审理的案件，原则上应当全程录音录像，并根据人民法院电子诉讼档案管理规定进行管理和存储。

二、繁案精审程序

第四条 【证据交换】民事、商事、行政案件的繁案由法官助理通过邮寄等方式进行证据交换。刑事案件的繁案在庭前会议进行证据交换。

第五条 【庭前会议】繁案一审案件原则上应当在开庭审理前召开庭前会议。繁案二审案件由合议庭根据案件情况，认为有必要的可以召开庭前会议。繁案的庭前会议应当由法官主持。

第六条 【民事、商事、行政案件庭前会议内容】民事、商事、行政案件的庭前会议应当要求各方当事人到场，根据案件情况依法处理如下事宜：

（一）核对当事人身份；

（二）处理回避事项；

（三）明确原告的诉讼请求和被告的答辩意见；

（四）审查处理当事人增加、变更诉讼请求的申请和提出的反诉以及第三人提出的与本案有关的诉讼请求；

（五）根据当事人的申请决定调查收集证据、委托鉴定、要求当事人提供证据、进行勘验、进行证据保全；

（六）组织交换证据；

（七）组织各方当事人展示证据并就证据的真实性、合法性发表意见；

（八）固定无争议证据及事实；

（九）归纳争议焦点；

（十）进行调解。

第七条 【刑事案件庭前会议内容】刑事案件的庭前会议应当要求承办法官、公诉人、被告人、辩护人参加，根据案件情况依法处理如下事宜：

（一）依法处理回避、出庭证人名单、非法证据排除等可能导致庭审中断的事项；

（二）组织控辩双方展示证据并就证据的真实性、合法性发表意见；

（三）固定无争议证据及事实；

（四）归纳争议焦点和开展附带民事调解等。

刑事案件的庭前会议进行附带民事调解的，应当通知附带民事诉讼当事人参加。其他事项应当按照《最高人民法院关于〈人民法院办理刑事案件庭前会议规程（试行）〉》的规定执行。

第八条 【权利义务书面告知】繁案可以通过系统自动生成书面告知书，在送达时一并寄送或由当事人在庭前签字确认，告知当事人有关诉讼权利义务。庭审时可以对权利义务的书面告知予以确认。

第九条 【争点式审理】繁案应当严格遵循庭审规则进行开庭审理，并推行“争点式”审理模式，通过固定共同点、主审矛盾点、厘清模糊点、消除盲点的方式精细化审理案件。

（一）对庭前会议中固定的双方无争议的证据和事实，在庭审时经审判人员说明后，不再进行重复调查；

（二）庭审直接围绕庭前会议上归纳的争议焦点逐一进行法庭调查和法庭辩论，以查明案件的主要事实；

（三）对于庭审前已经查证但尚未查清的重要事实情节，深入甄别厘清，以查明案件的模糊点；

（四）对于前期疏于查证的重要事实情节，尽力进行补查补证，以消除案件的盲点。

第十条 【案件评议】繁案在评议前应当由承办法官拟定无争议事项清单和议决事项清单，合议庭成员围绕各议决事项依次分别发表意见，重点说明对议决事实的认定理由、对议决事项适用法律的理由及与类案裁判标准的协调等。

承办法官可以根据案件情况要求法官助理制作关联案件和类案检索报告，供合议庭评议时参考。

第十一条 【文书制作】繁案的裁判文书应当坚持有诉请必有应答，原则上不得做出选择性回答，对诉请的回应可以根据案情区分主次和详略，当事人诉讼请求表述重复、散乱的，法官可以在裁判文书中对观点进行归纳整理后回应。文书制作应当遵循以下要求：

（一）文书说理要符合法律价值和目的，裁判结论应当符合法律价值取向，树立正确的行为导向；

（二）文书制作要注重情、理、法的统一，既要阐明法律与法理，也要根据案情适时阐述亲情伦理、诚信善良、包容宽容等观念，并注意不得侵犯当事人的隐私权；

（三）文书内容要围绕争议焦点强化对法官心证过程的公

开，对证据采信的理由、案件事实认定的理由以及案件事实与适用法律之间的逻辑关系进行详细论述；

（四）文书语言要规范严谨、平实精当，通过平实的语言和缜密的逻辑揭示法律的精神。

经过审判委员会讨论的案件应当在文书“审理经过”部分载明“本案于 × 年 × 月 × 日经审判委员会讨论，现已审理终结”，在“理由（本院认为）”部分的法律依据引用前写明“经本院审判委员会讨论决定……”但法律规定不公开的除外。

第十二条 【当庭宣判】对事实清楚、证据确实充分、法律适用争议不大的繁案，可以当庭宣判。

第十三条 【成果转化】注重对繁案审理经验的总结，对具有指导性、典型性的案件原则上应当进行成果转化，转化形式包括信息简报、案例分析、法制宣传、司法统计等。对其中具有类案指导价值的，应当转化为审判委员会审判经验及类案裁判方法通报。

三、普案简化审程序

第十四条 【庭前会议】普案合议庭根据案件情况，认为有必要的可以召开庭前会议。

第十五条 【集约化审理】应当优化普案的分案排期机制，确保法官对案件的集约化审理。

第十六条 【审理方式】普案一审案件应当开庭审理。

民事、商事、行政普案二审案件一般进行谈话审理，并由法官主持；法律另有规定或合议庭认为有必要的可以开庭审理。

刑事普案二审案件应当通过讯问被告人的方式进行谈话审理，并由法官主持；法律另有规定或合议庭认为有必要的可以开庭审理（含借助技术手段进行远程庭审）。

第十七条 【电子通知】谈话审理的普案原则上可以采用电话、“12368”短信等简便方式传唤或通知当事人、告知案件审理信息等，采用电话等方式通知的应当做好书面工作记录。

第十八条 【权利义务书面告知】普案可以通过系统自动生成书面告知书，在送达时一并寄送或由当事人在庭前签字确认，告知当事人有关诉讼权利义务及审判程序简化事项。庭审时可以对权利义务的书面告知予以确认。

第十九条 【清单式审理】开庭审理的民事、商事普案，可以在征得当事人同意后，将法庭调查和法庭辩论合并进行。

谈话审理的普案，合议庭可以根据案由，结合审判委员会审判经验及类案裁判方法通报等，制定清单式谈话提纲，围绕当事人的争议焦点，直接根据提纲进行谈话，不区分法庭调查和法庭辩论。

第二十条 【案件评议】普案的评议参照适用本规定第十条。

第二十一条 【文书制作】普案的裁判文书应当合理安排篇章结构。在“事实”部分应当根据诉辩意见、争议焦点等对认定的事实进行概括提炼。在“理由（本院认为）”部分应当围绕争议焦点进行详略得当的说理。

第二十二条 【当庭宣判】开庭审理的普案一般应当庭宣判。

四、简案快审程序

第二十三条 【审理方式】简案中的实体性案件一般由法官或法官助理主持进行谈话审理，但集团案件或合议庭认为有必要开庭的案件除外。谈话直接围绕争议焦点进行，不区分法庭调查和法庭辩论，无须开展多轮辩论。

管辖异议、不予受理、驳回起诉上诉案件及上诉费未缴纳案件等程序性案件可以进行书面审理。但合议庭认为需要进一步审查的，可以由法官或法官助理主持进行谈话审理。

民事、商事、行政简案中谈话审理的案件，原则上应当通知双方当事人同时来院接受询问，但合议庭认为可以单方询问的除外。

刑事简案中谈话审理的案件，应当讯问被告人。

第二十四条 【电子通知及权利义务书面告知】简案审理中的电子通知和权利义务书面告知适用本规定第十七条和第

十八条的内容。

第二十五条 【案件评议】简案评议时合议庭成员围绕各议决事项依次分别发表意见，重点说明对议决事实的认定理由、对议决事项适用法律的理由及与类案裁判标准的协调等。

第二十六条 【裁判文书简化及制作】对管辖异议、不予受理、驳回起诉上诉案件及上诉费未缴纳等案件采用令状式、要素式、表格式文书，依托文书自动生成系统实现一键智能生成简式文书。

简案维持原判的民事、商事案件裁判文书可以省略一审法院查明事实部分，二审裁判文书中只需写明“一审法院认定事实无误，本院予以确认”，但一审法院查明事实有误或当事人在二审程序中提交新证据的除外。

五、附则

第二十七条 【程序转化】简案在审理中发现存在不适宜简案审理情形的，可以转化适用普案的审理程序进行审理。

普案在审理中发现存在不适宜普案审理情形的，可以转化适用繁案的审理程序进行审理。

第二十八条 【审理方式说明】根据《刑事诉讼法》第二百三十四条、《民事诉讼法》第一百六十九条和《行政诉讼法》第八十六条的规定，案件的审理方式包括开庭审理和不开庭审理。本规定中谈话审理指通过询问或讯问当事人进行的不开庭审理，书面审理是指未通过询问或讯问当事人进行的不开庭审理。

第二十九条 【解释主体】本规定由院审判委员会负责解释。

第三十条 【实施时间】本规定自通过之日起试行。

附：三类案件审理程序要点对照表

	繁案	普案	简案
证据交换	·民事、商事、行政案件的繁案由法官助理通过邮寄等方式进行证据交换。 ·刑事案件的繁案在庭前会议进行证据交换。	·无	·无
庭前会议	·繁案一审案件原则上应当在开庭审理前召开庭前会议。 ·繁案二审案件由合议庭根据案件情况，认为有必要的可以召开庭前会议。 ·繁案的庭前会议应当由法官主持。 ·繁案的庭前会议应当要求各方当事人到场。	·普案合议庭根据案件情况，认为有必要的可以召开庭前会议。	·不召开

续表

	繁案	普案	简案
庭前会议	·庭前会议集中解决可能导致庭审中断的程序性事项、固定诉请、固定无争议事实和证据、归纳争议焦点等事项。	·普案合议庭根据案件情况，认为有必要的可以召开庭前会议。	·不召开
电子通知	·不简化	·谈话审理的普案原则上可以采用电话、“12368”短信等简便方式传唤或通知当事人、告知案件审理信息等。 ·采用电话等方式通知的应当做好书面工作记录。	·同普案
权利义务书面告知	·繁案可以通过系统自动生成书面告知书，在送达时一并寄送或由当事人在庭前签字确认，告知当事人有关诉讼权利义务。 ·庭审时可以对权利义务的书面告知予以确认。	·普案可以通过系统自动生成书面告知书，在送达时一并寄送或由当事人在庭前签字确认，告知当事人有关诉讼权利义务及审判程序简化事项。 ·庭审时可以对权利义务的书面告知予以确认。	·同普案

续表

	繁案	普案	简案
审理方式	·均开庭审理。 ·争点式审理，通过固定共同点、主审矛盾点、厘清模糊点、消除盲点的方式精细化审理案件。	·应当优化普案的分案排期机制，确保法官对案件的集约化审理。 ·普案一审案件应当开庭审理。 ·民事、商事、行政普案二审案件一般进行谈话审理，并由法官主持；法律另有规定或合议庭认为有必要的可以开庭审理。 ·刑事普案二审案件应当通过讯问被告人的方式进行谈话审理，并由法官主持；法律另有规定或合议庭认为有必要的可以开庭审理（含借助技术手段进行远程庭审）。 ·开庭审理的民事、商事普案，可以在征得当事人同意后，将法庭调查和法庭辩论合并进行。	·简案中的实体性案件一般由法官或法官助理主持进行谈话审理，但集团案件或合议庭认为有必要开庭的案件除外。 谈话直接围绕争议焦点进行，不区分法庭调查和法庭辩论，无须开展多轮辩论。 ·管辖异议、不予受理、驳回起诉上诉案件及上诉费未缴纳案件等程序性案件可以进行书面审理。但合议庭认为需要进一步审查的，可以由法官或法官助理主持进行谈话审理。

	繁案	普案	简案
审理方式		·谈话审理的普案，合议庭可以根据案由，结合审判委员会审判经验及类案裁判方法通报等，制定清单式谈话提纲，围绕当事人的争议焦点，直接根据提纲进行谈话，不区分法庭调查和法庭辩论。	·民事、商事、行政简案中谈话审理的案件，原则上应当通知双方当事人同时来院接受询问，但合议庭认为可以单方询问的除外。 ·刑事简案中谈话审理的案件，应当讯问被告人。
案件评议	·繁案在评议前应当由承办法官拟定无争议事项清单和议决事项清单， ·合议庭成员围绕各议决事项依次分别发表意见，重点说明对议决事实的认定理由、对议决事项适用法律的理由及与类案裁判标准的协调等。 ·承办法官可以根据案件情况要求法官助理制作关联案件和类案检索报告，供合议庭评议时参考。	·参照适用繁案的规定	·合议庭成员围绕各议决事项依次分别发表意见，重点说明对议决事实的认定理由、对议决事项适用法律的理由及与类案裁判标准的协调等。 ·不制作无争议事项清单和议决事项清单。 ·不制作关联案件和类案检索报告。

续表

	繁案	普案	简案
文书制作	·繁案的裁判文书应当坚持有诉请必有应答，原则上不得做出选择性回答。 ·文书说理要符合法律价值和目的；文书制作要注重情、理、法的统一；文书内容要围绕争议焦点强化对法官心证过程的公开；文书语言要规范严谨、平实精当。 ·经过审判委员会讨论的案件应当在文书“审理经过”部分载明“本案于×年×月×日经审判委员会讨论，现已审理终结”，在“理由（本院认为）”部分的法律依据引用前写明“经本院审判委员会讨论决定，……”，但法律规定不公开的除外。	·普案的裁判文书应当合理安排篇章结构。 ·在“事实”部分应当根据诉辩意见、争议焦点等对认定的事实进行概括提炼。 ·在“理由（本院认为）”部分应当围绕争议焦点进行详略得当的说理。	·对管辖异议、不予受理、驳回起诉上诉案件及上诉费未缴纳等案件采用令状式、要素式、表格式文书，依托文书自动生成系统实现一键智能生成简式文书。 ·简案维持原判的民事、商事案件裁判文书可以省略一审法院查明事实部分，二审裁判文书中只需写明“一审法院认定事实无误，本院予以确认”，但一审法院查明事实有误或当事人在二审程序中提交新证据的除外。
当庭宣判	·对事实清楚、证据确实充分、法律适用争议不大的繁案，可以当庭宣判。	·开庭审理的普案一般应当庭宣判。	·无

续表

	繁案	普案	简案
成果转化	· 对具有指导性、典型性的案件原则上应当进行成果转化，转化形式包括信息简报、案例分析、法制宣传、司法统计等。 · 对其中具有类案指导价值的，应当转化为审判委员会审判经验及类案裁判方法通报。	· 无	· 无

附：简案令状式、表格式文书样式

上海市第一中级人民法院
民事裁定书

（2018）沪 01 民辖终 ×××× 号

上诉人（原审被告）：×××。

法定代表人：×××。

被上诉人（原审原告）：×××。

法定代表人：×××。

上诉人因名誉权纠纷一案，不服上海市 D 区人民法院

（××××）沪××××民初××××号民事裁定，向本院提起上诉。

本院依据以下法律规定及审理要素确定本案管辖权：

一、管辖异议类型：□级别管辖 ■地域管辖

二、地域管辖：□约定有效□约定无效，适用法定■法定

三、法定：□一般地域管辖 ■特别地域管辖 □专属专门管辖 □涉外

四、特别地域管辖：□合同履行地■侵权□劳动争议□公司诉讼 □保险/票据 □其他

五、侵权：■侵权行为实施地、侵权结果发生地 □实施被诉侵权行为计算机等设备所在地 ■信息网络被侵权人住所地 □产品制造、销售、服务提供地 □采取保全措施法院所在地

据此，上海市D区人民法院对本案具有管辖权。依照《中华人民共和国民事诉讼法》第二十八条、第一百七十条第一款第一项、第一百七十一条、《最高人民法院关于适用〈中华人民共和国民事诉讼法〉的解释》第二十五条之规定，裁定如下：

驳回上诉，维持原裁定。

本裁定为终审裁定。

审 判 长 ×××
审 判 员 ×××
审 判 员 ×××
××××年×月×日
书 记 员 ×××

附：简案中二审维持原判的简式文书样式

上海市第一中级人民法院
民事判决书

（2018）沪01民终××××号

上诉人：×××。

被上诉人：×××。

（以上写明当事人的姓名或者名称等基本信息）

上诉人××因与被上诉人××的××（案由）一案，不服上海市××法院××号民事判决，向本院提起上诉。本院于××年××月××日立案后，依法组成合议庭进行了审理。本案现已审理终结。

上诉人××上诉请求：……（写明上诉请求）。

事实和理由：……（写明上诉的事实和理由）。

被上诉人 ×× 辩称，……（写明被上诉人的辩称理由及对上诉请求的意见）。

×× 向一审法院起诉请求：……（写明一审原告的诉讼请求）。

一审法院审理后，于 ×× 年 ×× 月 ×× 日作出判决：……（写明一审法院的判决主文）。

经本院审理查明，一审法院认定事实无误，本院予以确认。

本院认为，……（写明二审法院的判决理由）。据此，依照《中华人民共和国民事诉讼法》第一百七十条第一款第（一）项之规定，判决如下：

驳回上诉，维持原判。

二审案件受理费人民币 ×× 元，由上诉人 ×× 负担。

本判决为终审判决。

审 判 长　×××

审 判 员　×××

人民陪审员　×××

××××年×月×日

书 记 员　×××

附件七：

上海市第一中级人民法院
审委会类案裁判方法总结三年规划
（共100件）

部门	主题	时间		执笔人
立案庭（6件）	民商事管辖权异议案件的审理思路和裁判要点	已完成		××
	申请撤销劳动争议仲裁裁决案件的审理思路和裁判要点			××
	涉刑民商事案件程序问题的审理思路和裁判要点（2019）	已过会		××
	民事诉讼合并之诉案件管辖与受理的审理思路和裁判要点（2020）	2021	一季度	××
	行政不予受理及驳回起诉案件的审理思路和裁判要点（2020）			××
	民商事案件重复起诉审查的审理思路和裁判要点			××
刑庭（16件）	非法集资类案件的审理思路和裁判要点	已完成		××
	证券内幕交易犯罪案件的审理思路和裁判要点			××

续表

部门	主题	时间		执笔人
刑庭（16件）	轻微暴力致人死亡案件的审理思路和裁判要点	已完成		××
	认罪供述得到印证型命案的审理思路和裁判要点			××
	现场目击型命案的审理思路和裁判要点（2019）	2021	一季度	××
	组织卖淫类案件的审理思路和裁判要点（2019）			××
	涉套路贷案件审理思路与裁判要点（2020）			××
	暴力特征不明显性侵案件的审理思路和裁判要点（2019）			××
	虚开增值税发票案件的审理思路和裁判要点（2020）			××
	以贩卖为目的购买毒品类案件的审理思路和裁判要点（2020）			××
	操纵证券市场类案件的审理思路和裁判要点（2020）			××
	合同诈骗案件的审理思路和裁判要点（2020）			××
	非法集资案件追赃挽损思路与基本要点（2020）			××
	电信网络诈骗案件的审理思路和裁判要点			××

续表

部门	主题	时间		执笔人
刑庭（16件）	侵犯计算机信息系统类案件的审理思路和裁判要点	2021	一季度	××
	侵犯公民个人信息案件的审理思路和裁判要点			××
少年庭（9件）	继承纠纷中涉宅基地房屋拆迁案件的审理思路和裁判要点	已完成		××
	未成年人校园人身伤害类案件的审理思路和裁判要点			××
	涉夫妻共同债务的离婚案件的审理思路和裁判要点			××
	抚养纠纷类案件的审理思路和裁判要点			××
	离婚后财产纠纷案件的审理思路和裁判要点（2020）	2021	一季度	××
	涉同居关系类案件的审理思路和裁判要点（2020）			××
	离婚案件中共有房屋分割的审理思路和裁判要点			××
	遗嘱继承案件的审理思路和裁判要点		二季度	××
	法定继承案件的审理思路和裁判要点			××
民庭（30件）	自然人之间民间借贷案件的审理思路和裁判要点	已完成		××
	房屋租赁合同效力认定的审理思路和裁判要点			××

续表

部门	主题	时间	执笔人
民庭（30件）	竞业限制纠纷案件的审理思路和裁判要点	已完成	××
	第三人撤销之诉中虚假诉讼认定的审理思路和裁判要点		××
	确认劳动关系纠纷案件的审理思路和裁判要点		××
	劳动合同解除纠纷案件的审理思路和裁判要点		××
	仲裁裁决执行案件的司法审查要点和裁判思路		××
	人格权纠纷案件的审理思路和裁判要点		××
	业主撤销权案件的审理思路和裁判要点		××
	劳务派遣合同纠纷案件的审理思路和裁判要点		××
	医疗损害责任纠纷案件的审理思路和裁判要点		××
	变更、追加执行当事人案件的审查思路和裁判要点		××
	事业单位人事争议案件的审理思路和裁判要点		××
	无效房屋租赁合同案件的审理思路和裁判要点		××
	追索劳动报酬纠纷案件的审理思路和裁判要点		××

续表

部门	主题	时间		执笔人
民庭（30件）	消费者惩罚性赔偿案件的审理思路和裁判要点	已完成		××
	工伤保险待遇纠纷案件的审理思路和裁判要点			××
	共有房屋买卖合同纠纷案件的审理思路和裁判要点			××
	涉营运车辆保险责任案件的审理思路和裁判要点			××
	福利待遇纠纷案件的审理思路和裁判要点			××
	提供劳务者受害责任纠纷的审理思路和裁判要点	已过会		××
	借名买房纠纷案件的审理思路和裁判要点（2020）	2021	一季度	××
	以房抵债的买卖合同纠纷案件的审理思路和裁判要点（2020）			××
	涉房屋买卖权属争议执行异议之诉案件的审理思路和裁判要点（2020）			××
	执行分配方案异议之诉案件的审理思路和裁判要点			××
	委托理财纠纷案件的审理思路和裁判要点			××
	不当得利案件的审理思路和裁判要点			××
	共同侵权纠纷案件的审理思路和裁判要点		二季度	××
	无效建设工程施工合同纠纷案件的审理思路和裁判要点			××

续表

<table>
<tr><th>部门</th><th>主题</th><th colspan="2">时间</th><th>执笔人</th></tr>
<tr><td>民庭（30件）</td><td>装修商品房买卖合同纠纷案件的审理思路和裁判要点</td><td>2021</td><td>二季度</td><td>××</td></tr>
<tr><td rowspan="11">商事庭（17件）</td><td>公司解散纠纷案件的审理思路和裁判要点</td><td colspan="2" rowspan="8">已完成</td><td>××</td></tr>
<tr><td>股东出资纠纷案件的审理思路和裁判要点</td><td>××</td></tr>
<tr><td>股东资格确认纠纷案件的审理思路与裁判要点</td><td>××</td></tr>
<tr><td>股东知情权纠纷案件的审理思路和裁判要点</td><td>××</td></tr>
<tr><td>有限责任公司清算清偿责任纠纷案件审理思路和裁判要点</td><td>××</td></tr>
<tr><td>仲裁司法审查案件的审理思路和裁判要点</td><td>××</td></tr>
<tr><td>损害公司利益责任纠纷案件的审理思路和裁判要点</td><td>××</td></tr>
<tr><td>车辆挂靠经营合同纠纷案件的审理思路和裁判要点</td><td>××</td></tr>
<tr><td>企业借贷合同纠纷案件的审理思路和裁判要点</td><td colspan="2">已过会</td><td>××</td></tr>
<tr><td>企业承包经营合同纠纷案件的审理思路和裁判要点</td><td rowspan="2">2020</td><td rowspan="2">二季度</td><td>××</td></tr>
<tr><td>公司决议纠纷案件的审理思路与裁判要点</td><td>××</td></tr>
</table>

续表

部门	主题	时间		执笔人
商事庭（17件）	委托合同纠纷案件的审理思路和裁判要点	2021	一季度	× ×
	承揽合同纠纷案件的审理思路和裁判要点			× ×
	涉外商事纠纷法律适用的审理思路和裁判要点			× ×
	加工合同纠纷案件的审理思路和裁判要点		二季度	× ×
	买卖合同纠纷案件的审理思路和裁判要点			× ×
	对赌协议纠纷案件的审理思路和裁判要点			× ×
行政庭（9件）	政府信息公开行政案件的审理思路和裁判要点	已完成		× ×
	拆除违法建筑行政案件的审理思路和裁判要点			× ×
	治安行政处罚案件的审理思路和裁判要点			× ×
	工伤认定行政案件的审理思路和裁判要点			× ×
	交通行政处罚案件的审理思路和裁判要点			× ×
	行政协议案件的审理思路和裁判要点（2020）	已过会		× ×
	市场监督管理案件的审理思路和裁判要点	2021	一季度	× ×
	房屋征收补偿案件的审理思路和裁判要点		二季度	× ×
	行政赔偿案件的审理思路和裁判要点			
执行局（4件）	涉租赁房产拍卖执行案件的办理思路和执行要点	已完成		× ×

续表

<table>
<tr><th>部门</th><th>主题</th><th colspan="2">时间</th><th>执笔人</th></tr>
<tr><td rowspan="3">执行局（4件）</td><td>涉有限责任公司股权执行案件的办理思路和执行要点</td><td colspan="2">已完成</td><td>××</td></tr>
<tr><td>刑事财产刑执行案件的办理思路和执行要点（2020）</td><td rowspan="2">2021</td><td rowspan="2">一季度</td><td>××</td></tr>
<tr><td>财产保全执行案件的办理思路和执行要点</td><td>××</td></tr>
<tr><td rowspan="11">申审庭（10件）</td><td>股权转让纠纷案件的再审审理思路和裁判要点</td><td colspan="2" rowspan="4">已完成</td><td>××</td></tr>
<tr><td>民商事申请再审案件要素式审查要点</td><td>××</td></tr>
<tr><td>有限责任公司清算清偿责任纠纷案件审理思路和裁判要点</td><td>××</td></tr>
<tr><td rowspan="2">刑事抗诉、刑事申诉案件的审理思路和裁判要点（2019）</td><td>××</td></tr>
<tr><td colspan="2">已过会</td><td>××</td></tr>
<tr><td>刑事裁判生效引发民事再审案件的审理思路和裁判要点（2020）</td><td rowspan="6">2021</td><td rowspan="4">一季度</td><td>××</td></tr>
<tr><td>涉鉴定类证据的民事申诉案件的审理思路和裁判要点（2020）</td><td>××</td></tr>
<tr><td>刑罚变更类案件的要素式审查要点</td><td>××</td></tr>
<tr><td>行政诉讼原告资格认定申请再审案件的审理思路和裁判要点</td><td>××</td></tr>
<tr><td>民事调解再审纠纷案件的审理思路和裁判要点</td><td rowspan="2">二季度</td><td>××</td></tr>
<tr><td>民事申请再审交叉事由类案的审理思路和裁判要点</td><td>××</td></tr>
</table>

后记

管理无定式，处处皆学问。回望自己的潜心钻研过程，由衷感慨廿余年置身于司改沃土的幸运，受惠于组织教育、培养的恩泽，得益于诸多同事、朋友鼎力相助的良缘……

书中所述思想与行动，皆为所在法院党组班子和同事们同心筑梦、奋楫笃行的适时记录。其中不少篇章还得到最高人民法院胡云腾大法官、何帆博士等的精妙点拨或中肯指正，并在“法影斑斓”微信公众号上精编呈现。所附规章制度，更是上海一中院同仁的集体智力成果，附后既为具体阐释，亦考虑便于同道参酌。

修订成书之际，十分荣幸得到最高人民法院姜伟副院长和上海交通大学法学院季卫东教授的热心加持。正是两位学术权威的示范、勉励，使我意识到自序不能缺失，遂将“杀青”时的激动心情，又凝练成片段文字。

本书得以付梓，人民法院出版社韦钦平总编辑助理、卢乐宁编辑功不可没。还有同事刘志超，手把手辅导我学会许多键盘技巧，提高了写作效能。虽满怀感激，然注定挂一漏万，惟望朋友们海涵！

我深知，驻足一隅议论全景，不少观点或属管窥蠡测，加之功力不逮，偏狭疏漏之处在所难免，恳请同道不吝赐教！

黄祥青

2022 年 2 月 7 日